だいわ文庫

精神科医が教える

百歳人生を退屈しないヒント

保坂 隆

大和書房

はじめに　人生後半期の「時間」を豊かに使うために

一九九〇年代、可愛らしい双子のおばあさんが「きんは百歳、百歳。ぎんも百歳、百歳」と話すCMが大きな話題になったのを、覚えていますか。

CMに出演していた成田きんさん、蟹江ぎんさんは、その後、ご長寿アイドルとしてテレビ番組やインタビューに引っ張りダコとなり、一〇六歳で「徹子の部屋」にゲスト出演したときの最年長記録は未だに更新されていません。

その後も、飄々《ひょうひょう》とした言動でお茶の間の人気を集めていたおふたりですが、二〇〇〇年にきんさんが一〇七歳、二〇〇一年にぎんさんが一〇八歳で天寿を全《まっと》うされました。

当時の感覚でいえば、百歳というのは、よほど恵まれた遺伝子をもつ人だけに許されたスーパー長寿だったのです。しかし、二〇一八年の百歳以上の高齢者は、約七万人にものぼります。

また、平均寿命を比較しても、一九九〇年では、男性が七五・九二歳、女性が八一・九〇歳でしたが、二〇一七年に厚生労働省が公開した調査によると、男性は八〇・九六歳、女性は八七・一四歳となっています。

つまり、**わずか三〇年足らずで男性も女性も五歳ぶん人生が長くなった**わけです。

こうなると、もう百歳は非現実的な長寿ではなく、人生八〇年が当たり前になり、百歳まで生きる人も珍しくない時代がすぐにやって来るでしょう。

それと同時に、私たちが抱いていた高齢者のイメージも、近年はすっかり様変わりして、「お年寄り」の様子そのものが大きく変化しています。

昔のお年寄りといえば、縁側で猫を膝にのせ、のんびりとうたた寝をするようなイメージがありましたが、今どきそんな高齢者像が見られるのは絵本かマンガのなかだけ。

現実社会では、定年後も仕事に就いてがんばっていたり、それまでできなかった趣味に没頭したり、新たな能力の開発に挑んだり……。アクティブに生きる「シニア」が続々登場して、そのパワーを惜しみなく発揮しています。

こうした変化を裏付けるデータのひとつが身体機能の向上で、一〇年前と現在の歩行スピードを比べると、およそ一一歳ぶんも若返っているというのですから、驚きです。

もちろん医療や食生活の影響は大きいかもしれませんが、本人の意識が前向きに変化したことが、若返りを後押ししたのは間違いありません。

とはいえ、世界で最初に百歳人生が始まるのが日本。お手本らしいお手本がないなかで、百歳人生がスタンダードになるのですから、たくさんの試行錯誤が必要になるかもしれません。

それでも、**新たな社会の設計に立ち会うのは、自分たちが時代の開拓者になる**

ようなものですから、とてもエキサイティング。膨らむ好奇心とときめきが、百歳人生を支えるカギになりそうです。

定年後は「余生」ではなくなった

「正月や 冥途の旅の一里塚 めでたくもあり めでたくもなし」

これは一休禅師の詠んだ有名な狂歌です。

「正月がきて人生という旅がまた少し終わりに近づいた。正月はめでたいものではあるけれど、裏を返せば一歩冥途に近づく日でもある。それを思えば、めでたくない日でもあるのだ」というのです。

日本人が年をとれば、誰でもこの句の無常観に共感するといいますが、そんな感傷に浸っていたのでは、百歳までの道のりを果敢に乗り越えていくことはできません。

なにしろ一休禅師の生きた室町時代は、飢饉や伝染病の影響で平均寿命は三〇歳足らずでしたから、長寿をどう生きるかという発想そのものがなかったのでしょう。

そういえば、最近「余生を楽しむ」とか「静かに余生を送る」など「余生」という言葉をあまり見かけなくなったのにお気づきでしょうか。

余生とは文字通り「余りの人生」のことですが、多くのサラリーマンが六〇歳くらいで定年を迎える現在、現役を退いた後の人生を余生といったのでは、全体のバランスがおかしく感じます。

もし六〇歳以降が余生なら、百歳までに四〇年もの時間があることになり、これを「余り」などといってはいられません。それどころか、社会で現役で働いてきた時期とほぼ同じ時間が退職後に待っているのです。むしろ定年は「第二の人生」のスタートと考えたほうがいいでしょう。

さらに、食生活や医療体制の向上のおかげで現代の六〇歳は昔と比べて、心身ともに断然若いのですから、ここからが新たなチャレンジの始まりです。

会社や社会の制約に縛られていた現役時代と違って、自分自身の判断と自由な意思で人生をコントロールできるのは、ここからです。定年を迎えたからといって、人生のゴールが見えたつもりになるのは早すぎます。

「定年」や「引退」「現役を退く」といった言葉から「老い」を連想してブルーな気持ちになる人もいるでしょうが、**百歳人生の時代は、定年後を「新たな成長の時期」と考えればいい**のではないでしょうか。

がむしゃらに走ってきた働き盛りの時期とは違って、自分なりのペースで納得できるライフスタイルを築きあげればいいのです。

ところで、江戸時代には老境を表す「老入《おいれ》」という言葉がよく使われていたのをご存じでしょうか。

当時の武家や商家では、五〇歳で隠居をするのが習わしだったそうで、現役の勤めを終えた後は「老入」を迎えて、新しい生活に入るのを楽しみにしていたそうです。

つまり、「老入」を機に第二の人生を楽しもうというのですから、そのコンセプトは現代と同じもの。私たちも先人の暮らしに学びながら、充実した百歳人生をめざしたいものです。

待ち受ける「ライフ・シフト」という課題

英国のロンドン・ビジネススクール教授であるリンダ・グラットンと、アンドリュー・スコットの共著『ライフ・シフト』は、世界中でベストセラーとなり、日本でも大きな反響を呼びました。

この本の副題にもある「100年時代の人生戦略」という考え方は、それまで主流だった「老後をどう生きるか」ではなく、「**百歳まで健やかで生産的に生き**

ていくために、どう生活をシフトしていくか」がメインテーマで、読む人にとっては革新的な内容となっています。

これまでの私たちのライフスタイルは、大まかにいって「教育」「仕事」「引退」という三つのステージで構成されてきました。つまり、学生時代は学んで、就職して働いて、その後はのんびりと過ごすという形が一般的だったのです。

しかし、健康寿命が延びれば、変化を経験する機会が当然増えます。だからこそ、それに備えて、自分を取り巻く環境を知り、積極的にさまざまな選択肢をもつことが大事で、画一的でなく、百人百様の多様な人生がこれからの生き方であるというのが、この本の要点。

貯蓄も目減りし年金もあてにならない現在、できるだけ健康でより長く働くことが求められる時代がやってくるでしょう。

つまり長寿社会になり、引退時期が延びて一人ひとりの生き方が多様化することで、「マルチステージの人生」という新しいモデルが登場したのです。

そこでは**六〇代、七〇代の人も「ご隠居さん」ではいられませんし、八〇代以上の人も活躍の場を見いだせる**ように変わっていくでしょう。そして、「マルチステージ」では、社会全体で年齢に対する意識を変える必要があるのです。

二〇代から六〇代の活動的な時期を、仕事だけに費やして消耗させないとか、仕事と遊び、学びといった要素をバランスよく取り入れてより多くのステージを経験するとか、これまでとは違った選択肢が多く登場するのもマルチステージの特徴です。

もっと柔軟に人生を組み立てて、シフトしていくことで、老後のライフスタイルは今後ますます多様化していくわけです。

たとえば、四〇年近く公務員として生きてきた人が、在職中から徐々にスキルを磨いて、定年後は山岳カメラマンに転身したり、高校を出てから大工一筋の人生を歩んできた人が、リタイアした後は英語を学んでボランティアの通訳を務めたり、夫の定年後、専業主婦だった人が料理の腕を活かしてケータリングの会社を起こしたり。定年後は引退するのが常識だった時代には考えられなかったことができるようになるのも、ライフ・シフトによってもたらされる社会の変化でしょう。

しかも、そこでは学歴やキャリアだけでは測れない人間としての魅力や気迫、思考力や想像力など、個人の力量が問われ、それまでの人生の延長戦というわけにはいきません。

また、新しいステージをめざすには、それまで自分が縛られてきた、あるいは自分自身を縛ってきた考え方や常識から抜け出す必要があります。

もし、「百歳人生を生きよう！」と思ったとしても、「六〇歳を過ぎてこんなことをしては恥ずかしい」「こんなことを言ったら、変な人と思われるかもしれない」「世間から笑われないように生きなくては」といった制約を抱えていたのでは、とても次のステージでのびのびと羽ばたくことはできないでしょう。

経済的なバックボーンや健康上の問題など、誰もがさまざまなリスクを抱えながら、それでも一歩ずつ進んでいかなければならないなら、自分らしく、無理をせず、楽しみながら、生きていきたいものです。

かつては、「人生わずか五〇年」と思われたものが「人生たっぷり百年」になった今、生き方のルールを変えると同時にメンタルの改革も大切です。

「六〇歳を過ぎても働かなくては」と考えるのではなく、**「どう働けばもっと豊かに生きられるのか」と考える**だけでも、百歳人生の針路は大きく変わってくるでしょう。

お金だけでは解決できない「長生きという退屈」

贅沢《ぜいたく》をしなければ、年金でなんとか暮らしていけるといっても、それだけで生活に満足できるわけではありません。

多くの人は働くことで生きがいを見つけたり、交友関係のなかで楽しみを見つけたり、趣味や資産運用に熱中したりするなど、それぞれの興味の向く方向にアンテナを向けながら生きていきます。

ただ、人の煩悩は尽きないもので、「今の生活に一〇〇%満足している」と言い切れる人はそうたくさんはいないでしょう。

働く必要がないほど経済的な余裕があって、悠々自適の毎日を送っていても、幸福感いっぱいに暮らせるかというと、そういうわけでもありません。

多忙だった日々を抜け出して、ようやく時間のゆとりができたのに、なんとなく空虚な気持ちになって、抑うつ的になってしまう人や、「することがないのが一番の悩み」という人もいて、実際のところ「これをすれば幸せ」「これだけあれば心配ない」といった幸せの特効薬はないのです。

激動の幕末時代を生きた松下村塾の異才、高杉晋作《たかすぎしんさく》の言葉に、「おもしろき こともなき世を おもしろく すみなすものは 心なりけり」というのがありますが、これを平たくいえば、「面白くもない世の中だけど、それを面白くするのは自分の考え方次第」ということでしょう。

「心ひとつで物事の受け取り方はまったく変わる」という彼の考えは、二〇〇〇年代の今でも、そのまま通用するでしょう。

「退屈よりも失敗を選ぶわ！」という強気の発言をしたのは、フランスでファッション革命を起こしたココ・シャネルです。いつも全力で生きる人にとって退屈は、人生の大敵に感じるのかもしれません。

こういうと「人生は刺激的なことばかりじゃないから、仕方ないよ」と思われるかもしれませんが、「**退屈は認知能力に影響を与える**」といったらどうでしょう。

フロリダ州立大学の研究チームが調査したところ、複雑な仕事をしている人ほど年をとってからの認知能力が優れていることがわかったそうです。

つまり、新しいスキルを覚えたり、難しい課題に取り組むと脳が鍛えられ、反対に、脳への刺激が少ないから起きる「退屈」は、脳機能にとってマイナスと考えられるのです。

これに対して、脳が一番喜ぶのは、「新しいこと」「初めてのこと」に挑戦することです。脳のなかでは千数百億個の神経細胞がネットワークを形作っていますが、何か新しいことを始めると、それに関する脳領域が活発に働き、脳を活性化させます。

ですから、もし「ああ退屈だ」と感じたら、それは何か新しいことを始めるチャンスととらえましょう。

平均寿命が延びた今、比較的若い人からも「健康で長生きするには、ボケないようにがんばらなきゃ」「認知症予防に、何かをはじめなきゃ」といった声をよく聞きます。もちろん、こうした意識はとても大切です。

でも、せっかく健康で長生きできるチャンスを手にするわけですから、「人生の持ち時間が増えたなら、思いっきり楽しもう。そのために何かを始めよう」という、前向きな気持ちをもってほしいと思います。**人生という旅路が長くなったぶん、見えてくる景色が増え、楽しみも増える**というわけです。

ただ、長旅には備えが大切。その準備ができていないと、退屈で長すぎる人生に辟易《へきえき》し、「早くお迎えが来ないかなぁ……」となってしまうのです。

「暇と退屈」は人を鈍感にし、活力を奪い、老化を加速させる原因になります。

百歳人生の扉が開かれた今、大切なのは、一人ひとりが主体的に自分の人生を飾っていくことでしょう。

本書では、退屈とは無縁の百歳人生を送るためのヒントと、若々しい心を保つ秘訣《ひけつ》について、さまざまな角度から掘り下げたいと思います。

保坂　隆

精神科医が教える
百歳人生を退屈しないヒント
もくじ

第2章

親子、夫婦で、傷つけあわない関係をつくる

第3章 七〇歳になったら知的ひきこもりが面白い

第4章

九〇歳までに、老いる準備をはじめよう

第1章

五〇代から備える、お金に困らない生き方

人生百年時代では、七〇代まで働く人が多いでしょう。生きていくために退屈な労働を続けるのか、あるいは、楽しみながらお金を得るのか、やりがいに満ちた仕事をするのか。その分かれ道は、五〇代の準備にかかっています。

百年生きることを前提に「働く」を考える

先に、ベストセラー書籍『ライフ・シフト』について紹介しましたが、全世界的に高齢化が進んでいる今、この本が各国で反響を呼ぶのはよくわかります。そこで、ライフ・シフトとはどんな考え方なのか、ここで簡単に説明しておきましょう。

ただ、ライフ・シフトはイギリス人が欧州の習慣や社会制度を元に考えたシステムですから、私たち日本人から見ると「なんか違う」「しっくりこない」という点も少なくありません。

それでも人生戦略としてのライフ・シフトには、心に留めておいたほうがいいヒントもたくさんありますから、大まかを知っておいて損はないでしょう。

『ライフ・シフト』に書いてあることをザックリと話すと、「**これまで三つのス**

テージから成り立っていた私たちの人生がマルチステージへと変化するので、その変化に応じて生活や考えを切り替えていきましょう」というものです。

これまでの三ステージが何だったかというと、学ぶ時期、会社勤めの時期、引退後の三区分に分けられていて、第一ステージは教育を受けて大学を卒業する二二歳くらいまで、第二ステージは仕事をして定年を迎えるまでの六〇～六五歳、そしてそれ以降の人生が老後ということになっていました。

ところが、寿命が延びたことでこのステージが変化して、百年生きることを前提とした新たな人生設計が必要になってきたのです。

これがライフ・シフトの考え方なのですが、ではこの「マルチステージ」とはいったい何でしょうか。

大まかにいえば、これまでの教育、仕事、引退という三ステージから成り立っていた人生設計を、仕事から教育へ、引退から再雇用や起業へと、年齢に関係なく移行しながら、それぞれが多様な経験を積む人生のステージです。

マルチステージの人生では、その場に適した有形、無形のスキルや働き方が必要になりますが、一番大事なのは決まりや慣例に縛られずに、自分にとっての理想的な人生を追い求めることです。

そして、従来の三つのステージのなかで大きく様変わりするのは、仕事ステージの部分。マルチステージのなかでも仕事と働き方に関する事柄には、最も多くの関心が寄せられます。

マルチステージでは、①エクスプローラー、②インディペンデント・プロデューサー、③ポートフォリオ・ワーカーの三種類が追加されますが、これを見ただけで「なるほど、そういうことか」と理解できる人はそういないでしょうね。

そこで、追加された三種類のステージを説明すると、まず①の**エクスプローラー**は、文字通り「探検家」です。人生の意味をじっくりと考えたり、自分探しをしたり、それまで知らなかった世界を探訪する生き方です。

たとえば旅に出たり、海外でホームステイしたり、初めてのアートに挑戦したり、好奇心を刺激するようなチャレンジをするのがこのステージです。

次に②の**インディペンデント・プロデューサー**は、直訳すれば「独立した演出家」という意味です。ビジネスや創作など自分で作り上げたものを、自らプロモーションしようというので、いわば個人事業主的な活動をする生き方ともいえます。

もちろん「起業」もこのなかに入るわけです。以前から温めていたアイデアを元にして新製品の開発に挑んだり、得意の料理の腕を活かしてレストランを開店したり、あるいは海外駐留の経験を役立てて「フランス語教室」を開いたりできます。

個人の裁量範囲内で何かビジネスにつながる活動をしようというのですが、起業や開店といった大がかりなものでなくても、趣味で作ってきた手芸やフィギュアなどをネットで販売するのもこの範疇《はんちゅう》ですから、意外に裾野は広いわけです。

③の**ポートフォリオ・ワーカー**とは、企業で働きながら、それとは別の能力を磨くステージ。あるいは将来に備えて、仕事をしながら技術やスキルを高める生き方です。

たとえば、将来輸入雑貨の仕事をしたいなら週末はショップでアルバイトするとか、ネットショップを開きたいならボランティアで実務を学ぶとか、今の仕事と並行して「仕事＋α」の生活をするのがポートフォリオ・ワーカーの生き方です。一般のサラリーマンにとっては、このスタイルが一番なじみやすいかもしれません。

三つの準備で「ゆとりある生活」を手に入れる

ここまでライフ・シフトについての説明を読んで、「なんだか面倒くさい話だな」「日本ではまだそこまで生活は変化しないのでは」と思う人もいることでしょう。

確かに日本で暮らす中流階級以上で、持ち家があってかなりの貯蓄も備えているという家では、特に生活をシフトする必要はないのかもしれません。

しかし、もし首都圏に住む持ち家のない人で、経済的基盤に多少の不安がある人なら、人生プランのシフトを避けて百歳まで生きるのは、ますます難しくなっていくのではないでしょうか。

『ライフ・シフト』のなかで著者は、「長寿化によって人の働き方や時間の過ごし方が変わり、教育、仕事、引退というそれまで当たり前とされていた生き方が終わる。そのことによって社会に一大革命をもたらすに違いない」と述べています。実際寿命が上がれば、それに対応した生き方をするしか方法がなくなります。「郷に入っては郷に従え」の諺《ことわざ》通り、私たちも時代に合わせた生き方を選ばざるを得なくなってきます。

さて、マルチステージの人生を生きるには、お金という資産以外に「見えない資産」「形のない資産」を作ることも大切になります。

無形資産には三種類あって、まず所得を増やすスキルや知識、仕事につながる人間関係などを表す「**生産性資産**」、肉体的・精神的な健康、家族や友人との良好な関係を表す「**活力資産**」。「活力資産」にはやる気やモチベーション、前向きな気持ちなども含まれていますから、メンタルな部分の影響が大きいのが特徴です。

そして特にユニークなのが「**変身資産**」で、これは自ら新たな人格を開花させて才能を目覚めさせたり、失敗を恐れず行動を起こしていく能力を指します。

これらの能力はどれも高齢社会では必要なものですが、なかでも変身資産という考え方はこれまでにない切り口で、強いインパクトがありました。

極端にいえば、変身資産とは「多重人格者になる能力」でもあり、自分のなかの新しい自分を発見することでもあります。

たとえば、どんな仕事でも「それは自分の柄じゃないので無理」と言わず、「なんだか面白そうだ」と思えたり、「それは専門外なのでできない」と拒絶せず、「知らないことだから興味が湧く」と考えたり……。**これまでの性格や職業、任務やスキルが通用しなくても柔軟に変化していける人が変身資産を多くもっている**わけで、そういう人こそマルチステージでの人生を楽しめるのでしょう。

ただ、これらの無形資産を活かせるのは「自分の人生は、自分で切り拓いていく」という基本姿勢があればこそ。無形資産は「良い百歳人生」を送るための新たなパスポートといえるでしょう。

今が人生後半を充実させる転換点

先日、知人とライフ・シフトの話をしていたところ、同席していた彼の甥《おい》が、「それなら、僕もマルチステージで働いている感じかな。いや、別に意識してこうなったわけではないんですけれどね」と話し始めました。

そういえば、リアルにライフ・シフトを実践している人に会う機会はそれほどないので、「ぜひ仕事や生活について聞かせてほしいな」と話を聞かせてもらったのですが、気負いのない彼の語り口には「そうか、こんなマルチステージの形もあるのなら、それほど構えることもないな」と思わせるものがありました。

彼の話は、簡単にまとめるとこんな内容でした。

二〇一〇年ごろまで大手の設計事務所で一級設計士として働いていた彼は、ストレスから十二指腸潰瘍《かいよう》になって、しばらく休養しました。それがきっかけで「このままでいいのか」と本気で考え始めたそうです。

「とにかく毎日忙しくて、自分らしい人生を楽しむどころじゃなかった。そこで、五〇歳をきっかけに、生き方をガラリと変えようと考えたんです」

その言葉通り、大手設計事務所を退職すると、もう少し小規模の会社に派遣社員として勤務。**それまでより就業時間を三時間減らして、その時間で学校に通い、徹底的にCGイラストを学んだ**のだそうです。

それというのも、新築の家を立体的に描いた「建築パース」は、施主さんにとても喜ばれるもので、昔からパースを描くプロになりたいと思っていたからだとか。

こうして二年でイラストのスキルを磨いて会社を辞め、パースの専門家として独立したのですが、同時に都会の暮らしも捨てて信州に移住しました。そして大好きな山登りを楽しみながら、マイペースで仕事に取り組んでいるそうです。

「でも、フリーで仕事を取ってくるのは大変でしょう？　それはどうしているの？」と聞くと「まぁ多少の人脈はありましたけど、基本はネットを使ったフリー営業ですよ」という返事です。

「とにかく、仕事をさせてほしい事務所にメールで自分の書いたパースを送り、技能を確認してもらったうえで注文をお願いしています。ただ、昔と違って今はイラストを送るのに一秒もかかりませんし、よほどの用事がなければ都心まで出かける必要もないし、**フリーにとってはいい時代**になりましたね」

そう言って微笑む彼の様子には「実にうまくシフトしたものだ」と感心するばかり。

「あのままストレスまみれで働いて長生きしても、つまらない人生でしたね。でも、今の暮らしなら百歳まで元気で生きたいと思いますよ」

もちろん、この例が誰にでも当てはまるとは思いませんが、勇気をもって一歩先へ歩き出した彼の決断が、間違っていなかったのは確かでしょう。

誰でもが踏み出せる一歩をいつスタートさせるのか、考えること自体がライフ・シフトの始まりなのかもしれません。

「第二の人生」の準備は早いほどいい

マラソンでいえば、人生百年時代の折り返し地点は五〇歳でしょう。

これまでなら、「定年まであと一〇年か。それまでトラブルもなく無事にたどり着ければ、まぁいいだろう」と考えていた人も多いでしょう。でも、**定年からさらに四〇年も人生が続くとなれば、そうのんびりしてはいられません。**

少なくとも折り返しの時期の五〇歳ごろから、第二の人生プランを考え、そのための準備を始めたいものです。

かといって、再就職のために語学の勉強を始めるとか、転職に有利な資格を取るとか、そういう具体的な準備だけが大切なわけではありません。

なにしろ人生のスパンが二〇年も延びたのですから、**これまでの人生設計に何**

かをちょっと足すとか、仕事に従事する期間を延長するとか、小手先の変更では間に合わないのが現実ではないでしょうか。

むしろ変えなければならないのは、人生そのものへの認識や生き方に対する考え方です。

最近では「下流老人」や「貧困老人」などといった言葉が一般にも浸透し、経済に不安を抱く人は増えていますが、「それでは、どこが心配なのか具体的に聞かせてください」と言うと、「いや、なんとなくお金のことが心配で」と、漠然とした不安にとらわれている人が多いのも事実です。

もちろん、年をとってからの生活に不安や恐れがあるのは当たり前で、「病気になったらどうしよう」「貯金が底をつくかもしれない」と不安になる気持ちはよくわかります。

しかしいくら心配しても、それで事態が好転するわけではありません。ここはひとつ真っ直ぐに前を見て、建設的な考えに集中しましょう。

老化とひとくちにいいますが、六〇歳前ですっかり老け込んだ人もいれば、八〇歳を過ぎても溌剌《はつらつ》としている人もいます。

つまり、それぞれの老いの形があるのですから、まずは自分のめざす百歳人生の理想を求めて、「こう生きたい」「こうなりたい」という自分なりのスタイルを描いてみましょう。

ただし、あまり細かな計画やルールを決めると、それがプレッシャーになります。プランはできるだけゆるめに余裕をもたせておきましょう。

「五〇歳を過ぎたら新しい人生プランを立てる」と考えて、「あんな生き方もいいな」「こんな仕事もしてみたい」と、夢を描くのは心弾む作業になるはずです。

百歳人生を明るく乗り切るためには、何よりも心の若さと健やかさが大切。年をとっても夢を忘れず、自らの可能性に挑み続ける姿勢があれば、生きるエネルギーは自然と湧いてくるものです。

聖路加《せいろか》国際病院名誉院長の日野原重明《ひのはらしげあき》先生は、一〇五歳で永眠されましたが、後に続く私たちにたくさんの貴重な言葉を残してくれました。

「今までやったことのないことをする。会ったことのない人に会う。

これが若さを保つ一番の秘訣。

生物的な『老化』は避けられない現象ですが、自ら新しいことを始めていれば
精神的な『老い』は避けられる」

「たとえ七〇を過ぎても、八〇を過ぎても、まだ人生において新しいものに出会えます。わたしたちは皆、今日という新しい一日を与えられています。

夢と希望をもって、何か新しいことにチャレンジできます」

といった日野原先生の言葉は、今も私たちに勇気を与えてくれます。

そして、夢が人生を動かす原動力だと、いつも話していた先生の、

「あなたに夢がなくなったとき、あなたの人生の半分を失います。

あなたに勇気がなくなったとき、あなたの人生の全てを失います」

という教えは、きっと百歳人生の足元を照らす灯《ともしび》になることでしょう。

これまでは、「年を取るというのは、いろいろなことをあきらめたり、衰えを受け入れることだ」という考えの人が少なくありませんでした。しかし人生が長くなるこれからは、「まだまだいろいろなことができる。可能性や夢をあきらめずにチャレンジしよう」という人こそが輝く時代になるのです。

細かすぎる人生プランは立てないほうがいい

特にマンガ好きの人でなくても、弘兼憲史《ひろかねけんし》氏の代表作『課長島耕作』や『人間交差点』はご存じなのではないでしょうか。

ご自身のサラリーマン時代をベースにしたストーリーと人間の心のひだを描いた細かな描写は、働き盛りの会社員にも人気があり、長年にわたって多くの読者を楽しませてきました。

ところで、見出しに挙げた「細かすぎる人生プランは立てないほうがいい」という言葉は、弘兼氏自身のもの。一九四七年生まれの氏は、七〇歳前から老年の生き方を考えるエッセイを次々と発表し、百歳人生に備えるための参考書としてもよく読まれています。

細かすぎる人生プランを立てると、外れたときに修正するのにストレスがかかる。人に迷惑をかけなければ、むしろいい加減に生きたほうがいい。「なるようになる」くらいの心持ちでいるのが良いというのが弘兼氏の考え方で、あまり厳密に計画を立てるのは、マイナス面も多いというわけです。

真面目にサラリーマン生活を続けてきた人に「一〇〇年間の人生プランを立てろ」と話せば、ほとんどの人はいかに低リスクで堅実な生活ができるかを考えますが、それでは、それまでのサラリーマン人生の延長戦にしかならないでしょう。

そうした制約の多い生き方を選んで数十年の人生を過ごしても、年を経るほどつらいものになるかもしれません。

六〇歳からの人生を堅実に過ごすなら、弘兼氏のいうように低ストレスの生き方を選んだほうが、心身とも健全でいられる可能性は高くなります。

私はよく、「ずぼら老後」を勧めているのですが、それはゆったりと老いの道のりを歩くための基本なのです。

六〇歳を過ぎてからは全力で走り続けることなどできませんから、「がんばりすぎないこと」と「無理をしないこと」をベースにすることは大事です。

「ライフ・シフト」というと、仕事や働き方をシフトすることと思われがちですが、考え方を楽なほうへシフトチェンジすることも忘れてはいけないでしょう。

それまで何でも律儀にやってきた人も、ちょっと手を抜いて「プチずぼら」な暮らしに切り替えれば、ずっと生きやすくなるのですから、まずは考え方のシフトが必要です。百歳人生を生きるためには、自分らしく人生を楽しむことが一番大切と考えましょう。

「こうでなくては」という制約を多くすると、百歳までの長丁場を乗り切るのがかえって難しくなってしまいます。

だからこそ、「細かすぎる人生プランは立てない」ことも大事なポイント。融通のきく生き方、考え方でいるほうが、どんな場合でも柔軟に対応できるものなのです。

「田舎でのんびり農業」と夢見る人はご注意を

今は信州に住んで人生百年プランを着々と進めている知人の甥の話をしましたが、彼のように「定年後はのんびりと田舎で暮らしたい」「都会から素朴な暮らしができる地方に越したい」と望んでいる人は多いものです。

ところが、**実際には田舎暮らしを始めるとすぐ理想と現実のギャップに驚いて、「こんなはずではなかった」と、また都会に逆戻りする人も少なくありません。**

ただ、定年後の生活基盤を農村や農業に求めるのは、決しておかしなことではなく、計画さえしっかりしていれば、息の長いビジネスモデルとして成立するはずです。

最近では小規模農場で有機野菜の栽培をしたり、希少な外国産農産物を作ったり、家族バターやチーズを作る酪農に取り組んだり、さまざまな試みもされています。

農村の高齢化はますます深刻になる一方ですから、六〇歳で定年を迎えた人もまだまだ若手。五〇代から農業や酪農の技術を学んできた人なら、すぐに田園ライフにシフトすることも可能でしょう。


ただし、机の前で学んだことだけではうまくいかないのが農業です。もし農業に関する仕事で生計を立てていくつもりなら、必ず実践の経験が必要です。

もちろん、親戚や知人に農家の人がいればベストなのですが、もし頼りにできる人がいなければ、まずは商業的な農村体験から始めるのもいいでしょう。

最近は、各地に本格的な農業体験のできる農園や週末だけの農業にチャレンジできる貸農園などがありますから、ビギナーはこのあたりから始めてみてはいかがでしょう。

特に人気の高い農業施設は、「**クラインガルテン**」という名の宿泊滞在型農業体験施設です。

「クラインガルテン」とは、ドイツ語で「小さな庭」の意味で、ヨーロッパで盛んな市民農園をそのまま取り入れた形です。

「クラインガルテン」は平均面積一〇〇坪くらいの家屋付きの農園で、滞在中に家庭菜園やガーデニングが楽しめます。「農業の経験はないけれど、田舎暮らしはしてみたい。でも、自分に合うか心配だ」という人の農業お試しコースとしては、この施設はぴったりでしょう。

そして、年に数回の田園ライフを体験したうえで、本格的に農業を学ぶもよし、「やっぱり自分には合わなかった」とあきらめるもよし。**いつまでも「やりたかった」と未練が残るより、「無理だった」とわかるほうがいさぎよく、次へのステップにも進みやすい**はずです。

そして、もし「やってみたい」というモチベーションが高まったら、本格的な技術研修に入ればいいのです。

こうした選択を五〇代でできれば、人生プランも大きく動き出すでしょう。

アップルを驚かせた「コンピュータおばあちゃん」

先になかなか「お手本らしいお手本がない」と書きましたが、なかには今の時代にふさわしい活躍をしている方もいます。

六二歳で退職後アイフォンアプリの開発を始め、八一歳で作ったアプリ「hinadan（ひなだん）」で世界中の注目を集めた若宮《わかみや》正《まさ》子《こ》さんもそのひとりです。

プログラミングの経験はまるでなかったものの、全力で開発に取り組んで、八二歳で初アプリをリリース。高齢者も楽しめるアプリ「hinadan」を皮切りに、エクセルで作るグラフィック「エクセルアート」も開発して、アップルからも賞賛されたというのですから、これは人生百歳時代をリードする先駆者といってもいいでしょう。

昭和一〇年生まれの若宮さんは、六〇代で始めたパソコンに夢中になり、若いプログラマーたちとも、どんどん交流するようになったということです。

それまで勤めていた銀行を退職して、祖父母の介護で家にいることが多くなったそうですが、それもパソコンでの開発に集中できた要因のようです。

若宮さんはもともと好奇心が強く、いろいろなことに興味をもつタイプ。仕事と思わず楽しみながら開発できたのがよかったとプログラムを始めたころの感想を語っています。

普通、家族の介護で家にいる時間が増えたら、重荷を背負ったようで愚痴のひとつも出るでしょうが、彼女はそれを「パソコンを使った開発に集中できた」と、ポジティブにとらえ、「楽しみながら開発」したというのですから、なんとも大物です。

私たちは、「介護＝大変⇓我慢⇓つらい⇓ストレスがたまる」といった図式を基本に考えがちですが、ちょっと視点をずらして見てみると、また違った景色が見えてくるものです。

若宮さんのように介護の必要な人と同居していても、二四時間付きっきりでお世話をするわけではありません。**こま切れではあっても休憩する時間は意外にあるわけですから**、それを開発に充《あ》てて、リビングやキッチンで作業に取り組めば、少しずつでも成果は上がってくるはず。

要は固定観念に縛られてそこで発想をストップしてしまうか、それとも自分なりの解釈で自由に世界を広げていくかでしょう。

フレキシブルな発想ができる人ほど活躍の場が多いのは、当然のことでしょう。

「とりあえずやってみる」が若宮さんのモットー。ダメならやめればいいと思い、興味をもったことは何でもやってみたくなる。そう語る若宮さんは、「私は八〇代になってから、『エイティーズの冒険』と称して、いろんなことにとりあえず挑戦するようにしているんです」と、ますます意気盛んなのです。

「hinadan」が話題を呼んで、アップルの世界開発者会議や総理大臣官邸で開かれた「人生100年時代構想会議」にも招待されました。一〇年前には予想もしなかった事態に少しとまどいながらも、持ち前の好奇心で何でも吸収してしまうそのバイタリティには、圧倒されそうです。

昔から自らの可能性を広げることを「自分の木を育てる」と表現して、才能の芽を育ててきたそうですが、この前向きな気持ちが、彼女の若さを支えているのでしょう。

若宮さんが小さいころは平均寿命がずっと短く、「生きていられるのが幸せ」というような時代でした。それが人生百年時代になり、老後に不安を抱いている人が増えています。そんななか、ご自身が八〇歳を過ぎても楽しそうに生きていることが誰かの励みになれば、それが一番嬉しい、と若宮さんは語ります。

その言葉通り、溌剌とした若宮さんの生き方に勇気づけられた人は、数えきれないほどいるに違いありません。

日野原先生が遺してくれた「新老人運動」

六〇歳を過ぎてからプログラミングを始め、八一歳でアプリをリリースした若宮正子さんの話をしましたが、百歳人生の時代は、もはやコンピュータの存在抜きには語れないでしょう。

こういうと「いや、会社でも普通にパソコンは使っているし、家でもわからないことがあればグーグルで検索しているし。これからも使っていくつもりだから大丈夫」と答える方が多いでしょう。

ただ、インターネットは可能性の宝庫ですから、**五〇歳を過ぎたら夢の鉱脈を掘り当てるために利用してみる**のもいいでしょう。

今ではパソコンを自由に操り、スマホやタブレットを手に出かけるミドルエイジも少なくありませんが、ITに強い中高年を指して「**スマートシニア**」と呼ぶのをご存じでしょうか。

実はこの言葉は、一〇五歳で亡くなられた聖路加国際病院名誉院長の日野原重明先生が、自ら発足させた「フェイスブック新老人の会」のコンセプトとして使っていた新語で、先生のお気に入りでした。

スマートシニアとは、新しいことに常に前向きに挑戦する〝イキイキはつらつシニア〟という新しいシニアスタイルの提案で、熱心にシニアのIT参加と健康づくりを応援されていました。

なにしろ一〇一歳のときに「日野原重明の『わくわくフェイスブックのすすめ』」という本を書かれたのですから、まさにスマートシニアのカリスマです。

講演ではパワーポイントを使いこなし、自らITとの親和性を示すことで、中高年のモチベーションを高めようとしていたのも印象的でした。

年をとったら今までにやったことのないことをし、会ったことのない人に会う。それが若さを保つ一番の秘訣。百歳を超えた日野原先生が日々、挑戦しているのに、七〇歳や八〇歳の人たちが尻込みするのはおかしいという先生の考えに触れれば、次の世代も発奮せずにはいられないでしょう。

最近、「ＩＴ高齢者」と呼ばれる人たちの活躍がマスコミでも取り上げられて、彼らに対するシニアの関心も徐々に高まってきました。

彼らに共通する特徴は、**長年培ってきた知識や技術ではなく、中高年になってから学んだ新たなスキルによって成功を収めた**ところです。

つまり、ひとつのところに留まらず、好奇心のおもむくままマルチステージを往来しているうちにチャンスを摑《つか》んだのですから、これはうまくライフ・シフトを果たしたお手本といえるかもしれません。

そのひとりが、「七〇代のＬＩＮＥスタンプクリエイター」として脚光を浴びた、田澤誠司《たざわせいじ》さんです。

田澤さんは日立製作所に勤務していた五〇代のころ、パソコンに出会ってその機能性に惚れ込み、独自にエクセルを学んで仕事にも活かしていたといいます。

田澤さんが退職したのは七〇歳のときで、一時は「老後は無難に過ごせばいいのだろうが、何か物足りない」と思っていたそうです。

そんな日常を変えたのは、お孫さんの「おじいちゃん、イラストうまいんだからLINEスタンプを作ればいいじゃない」という言葉でした。

在職中からエクセルを使った図形描画に自信をもっていた田澤さんは、「これだ！」と直感して、スタンプ用のイラストに着手。猛烈な勢いで作画を始め、一年で二九シリーズ、一一六〇枚ものスタンプを描いたというのですから、驚きです。

現在は四六シリーズ目を作成中だそうですが、LINEスタンプは安価なものなので、大儲《おおもう》けはできないけれど、少しは生活にゆとりができると、余裕の笑みを浮かべています。

「次は絵本や動画の作成にも挑戦したい」と熱く夢を語るその表情が、充実した生活を物語っているようです。

ITを技術としてだけではなく、生活に貢献するための方法として活用しているのが「ＩＴ高齢者」のすごいところです。その知恵と情熱を、後に続く私たちも学びたいものです。

定年前の仕事とは一線を画すことをやってみる

定年後の生活を考えて、「どんな資格を取ろうか」「どんなスキルが役立つのか」と考えている方も多いでしょう。

「サラリーマンをやりながら副業をもつのは、物理的に難しい」と考える人が多いのはわかりますが、**副業と考えるのではなく、将来のための修業**と考えてはどうでしょうか。

たとえば、定年後も同じ会社で契約社員として働いたり、他社で同種の仕事に就いた場合、どうしても給料は目減りします。それでも仕事内容がほぼ同じでは、心情的に面白くないのが人間です。

そうして不満な気持ちを抱いたままさらに五年、一〇年と会社勤めをするのでは、せっかく与えられた百歳人生がもったいないような気がするのです。

もし、夫婦の退職金と年金があれば、一〇万円程度の副業収入をプラスするだけで、それほど不自由のない生活はできるはず。はじめから月収三〇万円は難しいかもしれませんが、**夫婦で一〇万円をノルマにしたら、比較的ゆるいペースで働ける**のではないでしょうか。

ただ、サラリーマンなら誰でももっているようなスキルでは、あまり将来性は見込めません。そこでお勧めしたいのは、**自分の好きなこと、得意なことに焦点を絞ってスキルを伸ばす**という手段です。

得意分野に特化して、専門的な知識や技術を磨いたほうが、オールマイティに何でもできるより、実際には役立つものです。

趣味と実利を兼ねたスキルとして需要が多いのは、写真素材の販売やハンドメイドグッズの注文制作、年配の信頼感を活かしたアドバイザーなどだそうです。

「写真素材の販売」は、自分で撮った写真を素材販売サイトに登録し、売れるごとに報酬を得るシステムですが、カメラさえあればすぐにも始められるビジネスですから、ハードルが低いのは確かです。

ただ、売れる素材、売れない素材では収益が何倍も違ってきますから、副業として成立させるには、それなりのルールがあります。

まず、「これを撮らせたら誰にも負けない」という専門ジャンルに特化すること。きれいな風景や美しい動植物の写真などは、競争が激しく、同時に差別化が難しい分野です。それならいっそ、猫の後ろ姿だけや肉球のアップだけ、女性の手の表情だけやマッチョな男性の上腕二頭筋だけというふうに、インパクトのある素材のほうが商売として成り立つものです。

もしこうした素材販売に興味があれば、五〇歳代から一〇年もの準備期間がありますから、作品のストックも十分にでき、定年を待たずに副業デビューも可能です。

また、最近アマチュアの手作りグッズが人気を集め、ネットの手作り品販売サイトが賑わっているのをご存じでしょうか。

これまでハンドメイド作品として主流だったのは、手芸やクラフト、陶器やポプリなど、洒落たインテリアに似合うような作品でしたが、最近はそれが変化しています。

従来は商品のクオリティが問われていたのに対して、今一番注目されているのは、作り手のセンスです。たとえ、出来栄えが完ぺきでなくても、**作品のもつ雰囲気やユーモア、ユニークな個性などが評価されれば、一躍人気作家の仲間入りをすることも夢ではありません。**

出品物にはぬいぐるみやインテリア小物、バッグやコスプレ用のコスチューム、自作のキャラクターフィギュアなどがあり、好きなアイテムが販売できます。現在、インターネット上ではこのハンドメイド人気を受けて、販売業者が急増して、常時作家を募集しています。

素材写真にしてもハンドメイドにしても、定年前から副業化できるところが何よりの魅力。特に独立心があって「もう宮仕えはしたくない」という人には、思いきり自分の創造力を発揮できるステージがふさわしいのではないでしょうか。

アピールしだいで、まだまだ活躍できる場がある

「どうせ私みたいに平凡なサラリーマンは、再就職も難しいだろう。特技といっても宅建の資格をもっているだけだし、これじゃ先が思いやられる」

と、定年後の生活について悲観的な思いをもっている人は多いのですが、その理由は「自分は会社の歯車のひとつに過ぎない。ひとりじゃ何もできない」と思い込んでいるからではないでしょうか。

日本流のシステムのなかで自分を主張することもなく、上からの命令だけで動いていているうちに、自分本来の個性や自信を失くしてしまったサラリーマンがどれほど多いことでしょう。しかし、それではせっかく持って生まれた宝の持ち腐れ

です。

ほんのちょっと視点を変えて自分の能力を総点検してみれば、「これは役に立つんじゃないか？」「これは意外に使えるかも」というスキルや技術が眠っているかもしれません。

先のサラリーマンの場合は、ずっと前に取った宅建のことなどとっくに忘れていましたが、そこにスポットライトを当てれば状況は一変するかもしれません。長寿社会の到来とともに、高齢者向けの住宅は慢性的に不足していて、どの不動産屋でもこの需要をうまく取り込めていないようです。

ではこのサラリーマンが定年前後の中高年の立場に立って、シニア向け住宅の販売企画や賃貸案内、相続相談などを担当したらどうでしょうか。

中高年のお客様からしたら、若い社員より自分たちを理解してくれる同じ年配の相談係のほうが話しやすく、信頼もおけるでしょう。

この住宅不足は今後も長く続く現象ですから、定年後の就職先にはぴったり。

定年を待たずに転職することも可能でしょう。

ただ、**自分を売り込むときは一〇〇%の自信をもってアピールする**ことが大事です。たとえ会社では目立たない存在だったとしても、自分を売り込むときは「自分こそ最高の人材」であると訴えましょう。

実は、知り合いが実に自己アピールのうまい人で、その特性を活かして、今ではホテルのブライダルスタッフとして大活躍しています。

彼女は小さな広告代理店でデザイナーをしていたのですが、五〇歳を過ぎて転職を考え、自らブライダルサロンに売り込みをかけたのです。

広告代理店でプレゼンテーションに慣れていた彼女は、高齢で結婚なさるお客様への挙式プランやお式の演出法、ご家族へのオリジナルサービスなど、温めていた企画を得意のイラストで表現。「少子高齢化が進むこれからの時代は、シニアブライダルで差をつけるしかありません！」と力説して、正社員の座を勝ち取ったのだといいます。

もちろん誰でもイラストを描けるわけではありませんが、たとえ雑誌の切り抜きをコラージュしたものでも自分の個性は表現できるのですから、それこそ「ダメモト」で「自分はこう思う。どうだ、いいだろう！」とグイグイ攻め込むのもひとつの方法です。

いずれにせよ、少子高齢化なので働き手が上に求められるのは間違いないこと。こうした時代の変動期に、今までと同じ感覚で仕事をしていたのでは、新しい波に取り残されてしまいますから、お乗り換えはお早めに。

こういうと、「でもＡＩがどんどん普及すれば、どうせ俺たちの仕事もなくなるさ」と悲観的な意見を口にする人もいますが、ヤフーでチーフストラテジーオフィサー（最高戦略責任者）を務める安宅和人《あたかかずと》氏は、「**ＡＩが普及しても、人間の仕事がまるごと消えることは起きない**」と語ります。

「むしろ新しい仕事がいろいろ増える可能性が高い」と話すのですから、まだまだ希望はあります。

謙虚で控えめな態度のままでは勝ち残るチャンスが逃げてしまいそうですから、自分を売り込むのも大事なビジネスと割り切ってみてはどうでしょうか。

五〇歳を過ぎても「夢を実現する」という生きがい

経営コンサルタントで、鋭い経済分析でも知られる大前研一《おおまえけんいち》氏は、「すぐに『もう年だから』と後ろ向きになるメンタルブロックは、捨ててください」と、警鐘を鳴らし続けています。

「新しいことにチャレンジする前に、自分の行動を抑制してしまうのが『メンタルブロック』です。もしこの考え方を捨て去ることができれば、転職、副業、シニア起業といった第二の仕事にもずっと積極的に挑戦できます」

「そもそも日本人は年齢についてメンタルブロックがあり、中高年になると新しい仕事にチャレンジしない傾向が強い。しかし、『もう年だから』は禁句にすべきです。このメンタルブロックを外せば、きっと第二、第三の仕事に挑戦できるはずなんです」

こう語る大前さんは、「五〇代、六〇代こそ新しいことを学び、新しいネットワークを広げる年代」と、学ぶことの大切さを訴えます。

ところが、日本では社会人になってから高等教育機関で学び直す人が非常に少なく、文科省の調査によれば、大学入学者に占める二五歳以上の割合は、わずか一・九％。ＯＥＣＤ（経済協力開発機構）加盟国の平均が一八・一％なのに対して、日本は桁外れに低いのです。

しかし、そんななかでもコツコツと学び続け、念願の職業へと転職を果たした人がいます。三四歳のときに一念発起して、法律を学び始めてから二五年。二三回も司法試験に挑戦して、六一歳でやっと弁護士バッジを手にした神山昌子《かみやままさこ》さんが、その人です。

三三歳のときに離婚して、シングルマザーとしてひとり息子を育ててきた神山さんは、たまたま読んだ法律書に興味を引かれ、「弁護士になる！」と決意。それからは役所や居酒屋、スーパーや宅配便など、さまざまなパートタイムで働きながら、予備校に通って勉強したといいます。

母上の介護をしながらの子育てと受験勉強は、さぞ大変だったでしょうが、「とにかく夢中だったので、自分では苦労と思っていませんでした」と、笑顔で振り返る神山さん。そして、二三回目の司法試験でようやく目標を達成し、「年齢なんて関係ない。**いくつになっても人間、好きなことをやり続けていいんだ**」と、改めて喜びを嚙《か》みしめたそうです。

その後、六一歳で弁護士資格を得た神山さんは、七四歳の今日まで弁護士の道を第一線で歩き続けています。六一歳から新たな職に就いた彼女のことを思えば、五〇歳などまだまだ駆け出しではありませんか。

彼女のように勇気ある選択をした先輩の存在が、後に続く私たちのモチベーションを、自然と高めてくれます。

また、座右の銘である「為せば成る」を、六〇歳直前で体現した映画プロデューサーもいます。

中澤《なかざわ》喜一《きいち》さんは大手企業のサラリーマンでありながら、六〇歳近くになって映画のプロデュースにまで進出した、大の映画好きです。

専門知識も資金もないところから情熱だけで走ってきたのですが、夕張ファンタスティック映画祭をはじめ、那須や渋谷など各地の映画祭に続々とノミネートされ、短編映画「Crying Bitch」が西東京映画祭で奨励賞を受賞するなど、地道な活動を続けています。

今も会社の仕事をしっかりこなしながら、映画関係の活動も精力的にしている中澤さんの原動力は「いい映画を作ろうという夢ですね。**今を大事にして、常に心を燃え上がらせていたいという願いが原動力**かもしれません」ということです。

「『為せば成る』という情熱があれば、何歳でも夢は実現できると思います」と、何年たっても色あせない映画への情熱を語る中澤さんのまなざしは、まるで少年のように真っ直です。

サラリーマンでありながら完全燃焼して生きるその様子からは、学ぶべきことが多いと思います。

わずかでもお金がもらえることを考える

特に仕事を意識しなくても、趣味の延長線としてスキルを磨いていけば、結果としてそれがビジネスに結びつくケースもあります。

たとえば、休みのたびに郊外へ出かけ、撮りだめた小鳥の写真を写真集にして電子出版したり、ネイティブとの会話ができるネット塾で語学力を高めて、個人輸入のサイトを開いたり。今はＩＴの手助けを借りれば能率的に作業ができますから、個人でも小規模な起業なら、それほど難しくないでしょう。

今はかなりマニアックな趣味にも需要がありますから、自分がディープな要求に対応できると思えば、特定分野に特化するのもいいでしょう。

たとえば、パリの蚤《のみ》の市で仕入れた一九世紀の陶器が何十倍もの値段で売れるケースもありますから、商売としてもうまみがあるのですが、仕事と同時に旅の楽しさを満喫できるのが、何よりの魅力。せっかくフリーの立場で仕事をするなら、この程度の遊び心をもって取り組めるものを選ぶのもひとつの方法でしょう。

しかし、**ミドルエイジの本領が最も発揮できるのはシニアビジネスの世界**です。なにしろ自分自身の生活のなかで「こういうものがあればいいのに」「これがもっと違う形なら使いやすいのに」と感じるものが、シニアビジネスの元になることも多いのです。

日常のなかで見つけたニーズを商品化するなら、まず特許を取ってビジネスの足掛かりにするのが一般的ですが、それなりの時間とお金がかかりますから、よく検討する必要があります。

趣味と実益を兼ねたバリエーションでいえば、**公益性の高い事業をNPO法人として運営していく**というのもいいでしょう。

NPO法人は、NPO法に基づいて都道府県または指定都市の認証を受けて設立された「特定非営利活動法人」のことです。「非営利」とはお金をもらってはいけないということではなく、利益の分配をしないという意味で、利益の分配はできなくても事業収入を得ることも職員が給料をもらうこともできます。NPOだからといって、無報酬で働くわけではありません。

「好きなことや得意なことを、対価を得ておこなう『第二の仕事』にしたいと思っている人を応援したい」と、東京で多面的な働き方を支援するNPO団体「二枚目の名刺」を立ち上げたのは、廣優樹《ひろゆうき》さん。

自らは商社に勤めながらNPOを運営する廣さんは、「仕事が多様化することで、もっと柔軟な生き方ができるようになるでしょう」と期待を込めて話します。

自らのスキルを伸ばすのもシニアビジネスに挑戦するのも自由なミドルエイジですが、多様で複雑化したシニアビジネスを成功させるためには、きめ細かな事業計画とサービス体制が必要です。定年までに十分な時間があるなら、何通りものプランを考えてシミュレーションするのがいいでしょう。

ますます盛んな「海外での中高年の求人募集」

これまで海外出張や転勤で外国に住んだことのある人もいるでしょうが、よその国と国境が隣接していない日本では、それほど気楽に海外移住を考えられないのかもしれません。

しかし、ここ一〇年ほど国内の賃金は停滞したままで、暮らし難さが目立ちます。それに対して、外国での報酬は右肩上がりに伸びて、年々その格差は広がる傾向にあります。

今ではアジアのなかでも日本の労働条件が特にいいというわけではありませんから、海外で働くという選択肢はますます現実的になってきたともいえるでしょう。

転職の専門誌が二〇一七年に実施した「海外での中高年の求人募集」についての調査では、**国内外のコンサルタントのうちおよそ九〇%が「今後海外市場を対象にしたミドル人材の募集は増加する」と回答している**のも印象的です。

そこで、海外市場でのミドルの求人について詳しく見てみると、日本の中高年の採用ニーズが多いエリアは、ベトナム、インドネシア、フィリピン、タイなど。成長著しい東南アジアの新興都市や工業地帯が中心です。

海外市場で日本のミドルエイジが求められているのは、海外市場での販路拡大のためや新規事業立ち上げのためが多く、各地でインフラ整備をやってきた功績が認められた形です。

最も求人の多い職種は、**営業や経営企画、事業企画や機械、自動車関係の技術系やIT技術者**です。

では、なぜミドルエイジの需要が増えているのか。若い世代と違って子育ての時期も過ぎており、海外赴任や単身赴任にも応じられる人が多いからです。

二〇代や三〇代なら家庭の事情から、海外赴任が難しい場合もありますが、ミドル世代になると家族があっても子どもはすでにある程度大きくなっているケースが多く、海外赴任や単身赴任も比較的できる人が多いのも理由のひとつです。

語学力についても、それほど流暢《りゅうちょう》な英語や現地の言葉が話せなくても、**コミュニケーションが成り立つ程度の言葉が話せれば、通用する例がほとんど**だそうです。

もちろん高い語学力があればそれに越したことはないのですが、日常会話に不自由しないレベルなら、求人のリクエストには十分に応えられるでしょう。

市場のグローバル化とともに事業の拡大が進み、以前よりビジネスチャンスが広がっているのは事実ですから、これから中高年の海外進出もますます盛んになることでしょう。

もちろん定年になってから海外勤務を考えるのでは少し遅いですから、せめて五五歳ごろまでには、海外に腰を据えて働くという選択肢を頭に入れて、ビジネスチャンスの枠を広げてみてはどうでしょう。

家族そろって移住するという道もありますから、なるべく早い時期からそれぞれの意見を聞き、十分に話し合うことも大切です。

定年退職後に何かを見つけるのでは遅い

先日、ある情報番組を見ていると、定年後にイキイキとした毎日を過ごしている男性三人が紹介されていました。

一人目は、静岡県の駿府城《すんぷじょう》公園で人力車を引いている八〇代の男性。人力車を引き始めて二〇年になるといいます。

この男性は、もともとは業界紙の記者だったそうですが、五〇代のときに妻と旅行に行った飛騨《ひだ》高山で地下足袋に法被を着て、**颯爽と人力車を引く車夫《しゃふ》の姿に一目ぼれ**。「定年後は自分もこの仕事がやりたい！」と思い、それからは車夫のもとに足しげく通い情報収集と修行の日々。

奥さんに頼み込んで、人力車を二〇〇万円で購入し、現在も現役バリバリ。「気力と体力が続くかぎりやり続けたい」と意欲も満々です。

料金は二〇年間据え置いたままで、人力車のメンテナンスや衣装代にもお金がかかるため、経営は赤字続きだけれど、これまでに一万二〇〇〇人を乗せたという実績は、男性の誇りでもあると話します。

仕事に出る日は妻の作ってくれる愛情たっぷり弁当と熱いお茶が大切なお供。「自分で決めたことなのでとことんまでやりたい」という表情は、八〇代とは思えぬほどエネルギッシュでした。

二人目の男性は、定年後の自給自足生活を夢見て、**五四歳のときに三七〇坪の土地を購入**。現在もまだ会社勤めをしているため、休日になると一〇〇㎞離れたこの地に車でやってきて、農作業をしていました。

購入当初、この土地は雑草が胸まで茂るようないわゆる荒地。そのため、坪単価一〇〇〇円だったため、それだけの広さでなんと三七万円だったそうです。

毎週末ここにやってきて、とにかく地道に開拓。そして畑を作り、山小屋を建てました。まだまだ発展途上の土地であり、ずっと手入れをしていかなくてはなりませんが、自分で作った風呂に入り、自分で育てた野菜をつまみに酒を飲む。それが至福のときだと微笑《ほほえ》むのです。

この男性の次なる目標は、温泉を掘り当てること。手作りの、かなり原始的な方法でボーリングをしていましたが、その姿は、まるで秘密基地を作っている少年のような輝きがありました。

三人目の男性は、もと教師で校長先生まで上りつめた人物。教員時代はさまざまなカリキュラムに縛られていたので、「定年後は、自分が本当に教えたい教育を子どもに届ける」という決意で、**寺子屋をモデルにした書道塾を開設**。ここでは、一般の学習塾とは違って、論語の素読、俳句・短歌の暗唱を取り入れ、さらに礼儀の立ち居振る舞いなども教えています。

この男性三人に共通するのは、「**定年後に何をするか考えたのではなく、五〇代で目標を立て、着々と進めている**」という点です。

備えあれば患いなし。人生百歳時代、明暗を分けるのは、こうした目標設定と実行力なのかもしれません。

これまで「在職中」と「定年後」を分岐点に、老後の生活や経済を考えてきた私たち。しかし、人生百歳時代を迎えた今は、定年前と老後を区別したり、仕事と生活に線引きをする考え方そのものが、時代遅れになるのではないでしょうか。

これからは、多様なステージを自由に往き来するボーダレスな世界がやってきます。長生きすることは、それだけ人生のチャンスが増えることなのです。

それならば、この恩恵を受けて思いきり人生を楽しむチャレンジをしていきましょう。

第2章

親子、夫婦で、傷つけあわない関係をつくる

定年や親の介護で生活スタイルが激変するのが六〇代。仕事人間だった人ほど、夫婦、親子、地域との人間関係を見直し、新たに築いていく必要があるでしょう。退屈しない百歳人生に、良好な人間関係は欠かせないのです。

六〇代夫婦、ついぶつかってしまう根本原因

六〇代夫婦にとって、「定年」は最も大きなライフイベントです。それまで、会社人間だった夫が、家庭人になり、夫婦としての第二章の幕が上がるからです。しかし、その幕開けは決して順調とは言いにくいでしょう。なぜなら、**定年に対する感じ方が夫婦では大きく異なる**のです。

一般的に、一家の主《あるじ》として家計を支え続けてきた夫は、定年を迎えたことに、「やっと肩の荷が下りた。これからは自由になる時間が増えて楽しい」と感じます。しかし、妻のほうは、「やっと子育ても終わり肩の荷が下りたのに、夫が家にいることで自由になる時間が減って煩わしい」と感じることが多いのではないでしょうか。

それにともない、これから始まる夫婦生活に対する不安も、女性のほうが圧倒

的に強いのです。

　ある統計によると、**「老後に夫と暮らすと、妻の死亡リスクが二倍に高まる」**というデータと、**「妻に先立たれた人より、妻と一緒にいる男性のほうが長生きする」**というデータがあります。

　この二つを合わせると、「夫と暮らす妻は寿命を縮め、妻と暮らす夫は長生きする」ということになるのです。

　なんともショッキングな内容ですが、「確かにそうかも」という声が聞こえてきます。なぜなら、日本ではまだまだ、家のことは妻の仕事という考えの人が多いからでしょう。

　夫は定年を機に、あらゆる仕事から解放されますが、掃除、洗濯、料理といった家事は、一生ついて回ります。妻も専業主婦は圧倒的に少なく、ほとんどがパートなどの仕事をもっているため、仕事プラス今までの家事に、夫の世話が加わり、妻には大きなストレスが生じるのです。

「主人在宅ストレス症候群」という夫源病

タレントの上沼恵美子《かみぬまえみこ》さんが、結婚四一年目となる夫と別居した際に、原因は「**夫源病**《ふげんびょう》」だったと雑誌やワイドショーなどが報じたことで、その名前を耳にした人もいるでしょう。

俗にいう「夫源病」は、別名「主人在宅ストレス症候群」とも呼ばれ、読んで字のごとく、夫が家にいることがストレスとなり、妻が体調を崩す病気です。

上沼恵美子さんの夫は、「THE 昭和の男」タイプの人で、家庭のことはすべて妻の仕事という考え方をもっていたため、上沼さんはどんなに仕事で忙しいときも、家事の一切をこなしていたといいます。

また、雑誌によると、上沼さんが体調を崩したときも、ご主人は「じゃあ、俺のご飯は?」と言い、彼女が長年心の支えとしていた実母が亡くなり落ち込んでいるときも、特に優しい言葉をかけるわけでもなく、そうした夫の言動に対するストレスが積もり積もった結果、自律神経失調症を患ったということなのです。

上沼さんと似たような体験をしている人、あるいは、夫が定年になったら、そんな生活が待っているだろうと心配する女性は少なくありません。「定年夫」という俗語が、女性のなかでネガティブに使われているのは、そのせいなのです。

特に、**定年を迎えた夫に対し、妻がストレスを強く感じるのは、お昼ご飯のときだといいます。**

女性の多くは、家で昼食をとる場合、前日の夕飯の残りで済ませるとか、朝作った味噌汁と漬物で済ますなど、簡単なスタイルが圧倒的です。また、インスタントコーヒーとパンやビスケットをかじっておしまいという人もいます。とにかく、手をかけないというのが主流です。

しかし、夫がいるとなれば、それなりに食事を作らなくてはなりません。「たかが昼食ぐらい」と思うかもしれませんが、食事作りは、まずメニューを考え、材料を買いに行き、調理や片づけまで一連の作業があるのです。たかが一食作るだけといっても、その負担は決して軽くありません。

また、昼の時間帯に働きに出ている妻は、家にいる夫のために弁当を作ったり、料理を作って冷蔵庫に入れ、後はレンジで温めるだけで済むようにするのも一般的です。さらに、料理一品一品に、「筑前煮《ちくぜんに》」「生姜《しょうが》焼き」「キャベツの千切り」のように付箋《ふせん》をつけ、一目瞭然にしておかないと食事ができないという夫も……。

そこまで手をかけるのは、さすがに甘やかしすぎという印象もありますが、とにかく、「夫の昼ご飯」は妻にとって手間がかかるのです。

また、夫の昼ご飯と並んで、妻の行動を監視するような言動も大きなストレスを生みます。具体的には、**妻の外出の際に、「どこに行くの？」「何しに行くの？」「何時に帰ってくるの？」と聞かれるだけで、胃が痛くなる人もいます。**これに、「俺のお昼はどうするの？」が加わると決定的でしょう。

また、「よく出かけるなぁ」「長電話だな」「また、友だちと遊びに行くのか」

といった一言も、妻からすると、束縛を受けているような窮屈な気持ちになるNGワード。

妻からすれば、仕事、仕事で家庭を顧みない夫に不満を抱えながらも、それを受け入れて、なんとか、夫抜きで快適に過ごす生活リズムやライフスタイルを作ってきたのです。そこに、定年を機に夫がいつも家にいるようになり、監視されるようにあれこれ言われたのではたまったものではありません。

そのため、**妻は、夫の定年退職日を、「Xデー」と呼んで恐れているわけです。**

夫源病の症状はさまざまで、頭痛、吐き気、胃痛、食欲不振、めまい、不眠などに始まり、ひどくなると、うつ病や更年期障害の悪化、不安障害や強迫障害などに発展することもあります。

だからこそ、六〇代の夫婦は定年後にどんな過ごし方をすべきかを、徐々に話しておく必要があります。定年後の生活は、それまでの「夫が休みで家にいる」状態とは異なります。そのことを、互いが認識する必要があるのです。

身近な存在だからこそ、互いの役割を見直す

東洋大学准教授でキャリアカウンセラーの小島貴子《こじまたかこ》さんは、ご自身の著書『女50歳からの100歳人生の生き方』のなかで、女性の役割について見直し、役割を手放すことを提唱しています。

「自分は一生懸命、いいお母さん、いい妻をやってきたけれど、振り返ってみると、都合のいい人になっていないか、聞いてみるべき。『いい人』というのは、ほかの人にとって『都合のいい人』であることがある」などと話しています。

では、「役割」とはいったいどういったことなのでしょうか。

人はそれぞれ、いろいろな役を背負って生きています。たとえば、「総務課長」「個人事業主」「町内会の役員」といった、社会的な役割もあれば、「長男」「跡継

ぎ」「夫」「長男の嫁」「妻」「母親」といった、家族のなかでの役割もあります。

定年は六〇代にとって大きな人生のイベントですから、これを機に、役割について見直してみる意味は大きいかもしれません。

なし崩しに定年後生活に突入するのではなく、その準備段階として、**自分がどんな役割をもっているのかを洗い出し、また、妻は夫に対し、夫は妻に対し、どんな役割を求めているのかを問い直す**のです。

役割というのは、時間をかけて、その人が作り上げたものではありますが、同時に、しみついてしまってなかなか手放せないものなのかもしれません。

たとえば、「良い妻」としての役割を長年務めてきた人がいるとします。

その人は、仕事をしてくれる夫のために、炊事、洗濯をし、朝は夫より早く、夜は夫より遅くまで起きて、家事をこなします。そこには、自治会の仕事といった、地域の役割も含まれてくるでしょう。それが、仕事によって家計を支えてくれる夫に対する、自分の役割だと考えるからです。

夫のほうも、「会社員」「一家の稼ぎ頭」という役割を最優先し、仕事をして家計を支える代わりに、妻には、「良い妻」としての役割を果たしてもらうという考えをもっているとします。

しかし、定年によって、夫の「会社員」という役割がなくなった後も、妻がずっと「良い妻」の役割を献身的に果たし続けたらどうでしょうか。つまり、夫は、会社員から、「家庭人」もしくは「地域人」になっているにもかかわらず、会社員としての待遇を受け続けるということです。

「長年働いてきたのだから、会社員でなくなったとしても、その恩恵はずっと続いてもいいはず」という声が聞こえてきそうですが、「良い妻」の役割を当然のように求め続ければ、夫の「家庭人」「地域人」としての役割が育ちません。

妻が元気なうちはよくても、そうでなくなったときに、本来その人が果たすべき、家庭や地域での役割ができなくなってしまいます。

よく、妻が入院したときに、家のどこに何があるかわからず、必要なものを届けられない。妻が留守をすると、回覧板をどこの家にまわせばいいかわからないといった男性がいますが、これらは、家庭人や地域人としての役割が育っていないために起きることでしょう。

だからこそ、**定年によって夫の「会社員」としての役割が終わったら、「献身的に尽くす良い妻」は卒業しなくてはならない**というわけです。

役割はその時々によって、あるいは相手との関係性のなかでも変化していくものと認識する必要があるのです。

六〇代になったら、長く親しんできた役割によりかかるのではなく、「百歳まで連れ添うには、どういう役割をお互いに果たすか」について、話し合いましょう。

家庭のなかでは、どうしても女性は要求されることが多いので、それをいったんリセットするには、定年という節目はちょうどいいのです。

共通の趣味をもつことで関係をあたためる

「熟年離婚」という言葉が市民権を得てから、早十年以上がたちました。

一昔前は、ある程度年齢を重ねた妻が離婚するにはデメリットが多く、離婚に踏み切る人はほとんどいませんでした。

しかし、年金制度の改正によって、結婚期間中に夫が支払った保険料ぶんの厚生年金を夫婦で分配できるようになったことや、働く妻の経済的自立によって、夫と別々の道を歩む選択肢が見えてきたのです。

とはいえ、**せっかく長い間、苦楽を共にしてきた夫婦は、いわば同志のような関係。**よほどのことがないかぎり、別れることはお勧めしません。

熟年離婚の原因は、「自分に対する思いやりや配慮が足りない」「互いの趣味やライフスタイルが違う」「一緒にいても話すことがない」などをよく耳にします。

分析すると、**コミュニケーション不足が熟年離婚を引き起こす原因**となっていることがわかるでしょう。

三〇～五〇代の間は、「子はかすがい」というように、夫婦の間を子どもがうまく取りもってくれていましたが、六〇代になると、たいていは独立してしまいます。そのため、夫婦の会話が減って、心の距離が開いてしまうわけです。

そこで私は、子どもの独立後の夫婦に、共通の趣味をもつことを勧めています。

私の知り合いのご夫婦は、ご主人の趣味だったゴルフに奥さんを誘ったことで、第二の人生を大変充実させています。

もともとは、週末になるとお客様や仕事仲間とゴルフ三昧だったご主人に、奥さんはずっと不満を抱いていました。そして、ある日、我慢の限界がやってきて、「定年後もゴルフを続けるようなら、離婚も考える」と、三下り半《みくだりはん》をたたきつけたのでした。

これにはご主人もびっくりして、頭を抱えてしまいました。なぜなら、ご主人は三度の飯よりゴルフが好き。離婚などとんでもないけれど、かといって、ゴルフをやめるなど考えられません。ハムレットよろしく、「ゴルフをとるか、妻をとるか、それが問題だ」というわけです。

そこで、悩んだ末に出した答えが、奥様も巻き込んでしまうというもの。はじめは「ゴルフなんてやらない」と頑なだった奥さんですが、何度か練習場に通ううちにゴルフの楽しさに目覚め、半年後にはコースデビュー。今や、奥さんのほうが熱心にレッスンに通うほどになりました。

現在は、一緒にコースに出たり、ショップに買い物に出かけたり。ゴルフがきっかけで会話量も増えました。

また、手取り足取り指導したことで、旦那さんを見直してくれたのも、嬉しいおまけ。長年連れ添っていると、互いのことを知り尽くした気持ちになってしまいますが、**共通の趣味を通じて、相手の隠れた才能を知ったり、改めて尊敬したり、そうした驚きの感情も、夫婦が長年連れ添うには大切なエッセンス**なのです。

期待のすれ違いを、お互いに確認しあう

公益財団法人ハイライフ研究所がおこなった「『定年期夫婦の〝光〟と〝影〟』に関する調査研究」の報告書（平成一五年度研究）のなかで、「定年期夫婦の期待と現実」という、大変興味深いデータがあります。

六〇代夫婦、つまり定年期夫婦では、それまでの生活スタイルが急変し、二四時間共に暮らすことで互いにストレスが生まれることが記されています。

一般的に女性のほうがストレスが強いとされていますが、男性のほうもストレスを抱えていないわけではありません。では、男性は妻に対して、現状をどんな気持ちで受け止め、どんなことを期待しているのでしょうか。

夫から見た妻の現状（満足していること）は、「家事をしてくれる」が八四・〇%、「私の好きなようにさせてくれる」五九・〇%、「共通の趣味をもっている」

が一九・九％となっています。

そして、**妻に期待することは、「家事をしてくれる」六四・七％、「私の気持ちをよく察してくれる」五七・一％、「余計な口出しをしない」三九・一％**です。

そのほかには、妻の外出については、期待が低くなっていることから、外出を快く思っていないことがわかります。

つまり、夫は妻に対し、「家事をしてくれて、好きなことをさせてもらっているが、自分も寂しさや、したくても出来ずに我慢していることもある。この気持ちをわかってほしい。だから外出を控え、余計な口出しをせず、今まで通り助けてくれ」と考えているのではないかと、調査報告書ではまとめています。

一方、妻は夫に対し現状（満足していること）は、「私の好きなようにさせてくれる」は六六・九％、「規則正しい生活をしている」が四八・一％とあり、この点にはあまり不満がないのがわかります。

一方、「私の気持ちをよく察してくれる」「感謝の気持ちをあらわしてくれる」

「困ったときに助けてくれる」「余計な口出しをしない」という点では、夫に対してどうにかならないかと感じていることがデータに表れています。

さらに、**妻は夫に対して「外出する」ことを期待しており、夫と正反対の結果が出ています。**

報告書のまとめでは、「私の好きなことをさせてくれてはいるけれど、私だって一人で自由にしたいときがある。あなたの世話に疲れるときも。そんな気持ちを察してほしい。家事だって時には手伝ってほしいし、お礼のひとつも口に出して言ってくれれば嬉しくって元気になるのに……」と、妻の気持ちをまとめています。

この結果をどう受け止めるか意見が分かれるところですが、夫と妻では互いに求めるものが違う。そのことは知っておく必要があるはずです。

変わったのは相手ではなく、自分

「若いときはあんなに優しかったのに。今じゃ全然だめよ」

「結婚したてのころはもっと素直だった。今じゃすっかり別人だよ」

そんなふうに、連れ合いのことを非難したり嘆いたりする人は少なくありません。

確かに年齢を重ねることで、人は成熟していくものですから、変化があって当然だと思います。しかし、基本的な性格がガラリと変わったり、別人のようになってしまうことはめったにありません。「三つ子の魂百までも」です。

では、どうして、多くの人が、伴侶に対して「変わってしまった」「あんなふうじゃなかった」とこぼすのでしょうか。

実は、変わったのは相手ではなく、自分の「見る目」が変わったからなのです。

たとえば、明るくてよくしゃべるタイプの人がいたとしましょう。すると、「一緒にいて楽しい」と思う人もいれば、「たくさんしゃべってうるさい。一緒にいたくない」と思う人もいるわけです。

同じ人物に対する評価なのに、これだけ違いが出るのは、価値観やそのときの心持ち、つまり「見る目」が違うからなのです。

伴侶として選んだ、妻や夫。恋愛であれ、見合いであれ「この人と一緒に歩んでいこう」と決意した背景には、必ず、相手の長所や魅力を感じたのではないでしょうか。

「押しは強くないけれど、優しい人だから、この人となら幸せになれそう」

そんなふうに、「優しい人」という部分を評価して結婚を決めた人が、年齢を重ねると、「押しが強くない」という部分ばかりを見るようになって、「いい人だと思って結婚したけれど、頼りなくって情けない」などというようになってしまうのです。

ですから、**伴侶に対して「変わってしまった」と嘆く前に、結婚当時の自分の気持ちを思い出してほしい**のです。

そうすることで、相手のもともともっている良いところを再認識でき、「やっぱりこの人でよかったんだ」という気持ちになれるのです。

重なりあう部分を大切にすれば、それでいい

「水臭い」という言葉があります。これは、親しい間柄なのによそよそしい、打ち解けないという意味で、「大変だったなら、声をかけてくれればよかったのに、水臭いな」「遠慮するなんて水臭い、友だちでしょ」などのように、ネガティブな表現として使われます。

しかし、「**夫婦は水臭いくらいがちょうどよい**」と作家の下重暁子《しもじゅうあきこ》さんは提唱しています。

下重さんは、『極上の孤独』『家族という病』『夫婦という他人』などの数々のベストセラーのなかで、親子や夫婦の関係は「期待しない」ことが大切だと重ねて述べています。

特に夫婦関係にあっては、同化しようとせず、互いに違う存在であるのを認めあい、個を尊重する。そもそも夫婦は結婚する前にお互いの生きる土台が出来あがっているのだから、邪魔しないようにマイペースで暮らすことが理想。変に期待を寄せるから、裏切られたような気持ちになったり、話が違うなどと言いたくなってしまうのだと書いています。

たとえば、**結婚記念日、誕生日などに「連れ合いなら、何か特別なことをしてくれるに違いない」と思うからこそ、何もなかったときに落胆してしまう**けれど、はじめから期待しなければ、なんとも思わないということです。

それだけ聞くと、若干、殺伐とした気持ちになるように思えますが、下重さんは著書『自分に正直に生きる』のなかで、「期待しなければ、ちょっとした好意や優しさを嬉しく感じることができる」と述べています。

確かに、自分の「こうあってほしい」という気持ちを相手に投影し、それが叶わないからといって、相手を否定するのは、自分本位ですし、期待しないことで、小さな幸せを感じられるのなら、大いに学ぶべきでしょう。

また、下重さんは、自分以外の人間を完全に理解などできないし、理解できないからこそ面白みがある。だからこそ、夫も妻も「個」として自分らしくのびのびと生き、夫婦といえども互いに自由を縛らない。かといって、夫婦が背を向けて暮らすわけではなく、**「大事な重なりあう部分があれば充分」**と語っています。

戦前の日本の結婚観は、「夫唱婦随《ふしょうふずい》」で、夫が言い出し妻がそれに従うことを美徳としていました。それは、男が外で働き、女は家を守るという形が理想とされていた時代のことです。

時代は流れ、女性の社会進出によって、結婚観は大きく変わりました。

下重さんは、三〇代で結婚するときから独立採算制を貫いており、八〇代の現在もそれを続けています。ＮＨＫのアナウンサーからフリーになり、作家、評論家と八面六臂《はちめんろっぴ》の大活躍。「そういう、秀でた人だから言えることなのでは？」という声も聞こえてきますが、どんな夫婦であっても、一人ひとりが自立し、そのうえで寄り添う気持ちは重要なのです。

今が「夫育て」のラストチャンス

今から二〇年ほど前に、「濡れ落ち葉」という言葉が流行しました。特に定年後の夫が、妻の外出についてくる様子が、ベタっとくっつく濡れた落ち葉に似ているというのでした。

仕事一本でがんばってきた男性に対する差別だと批判する声もありましたが、この言葉に表されるように、年齢を重ねると、夫は妻と仲良く過ごしたいと思っているのです（残念ながら、妻のほうは、夫より子どもや友だちとの時間を大切にしたいという統計があります）。

「若き日の恋愛なんて、老いた男が伴侶に抱く愛に比べればまるで薄っぺらだ」

これは、ゼネラルモーターズの創業者ウィリアム・デュラントの言葉ですが、妻側からは、「今さらそんなに愛されても……」という意見もありそうですね。

しかし、自らは何もしない、何でも妻に依存してくる夫に対して疎ましさを感じても、積極的に家庭運営に関わってくれる夫であれば妻も大歓迎でしょう。

そこで、「奥さんが大好き！」「奥さんと一緒にいたい」という夫の気持ちをうまくエスコートして、どんどん、**家のことができるように育ててしまえばいい**のです。子どもなら、友だちと遊びに行きたいと出かけたがりますが、幸い夫は家にいたい人が多いのです。この貴重な人材を育てない手はありません。


とはいえ、それまで家事に関わってこなかった男性が、いきなり食事の支度ができるはずはありませんし、「部屋をきれいにして」の一言で、掃除機や雑巾がけができるようになるわけはありません。

子育てを経験した人ならわかりますが、人は一朝一夕には育ちません。さまざまな失敗を繰り返し、その積み重ねで何事もできるようになるのです。それを踏まえたうえで、六〇代は夫育てに力を注ぐべきです。

マスターするには時間がかかるかもしれませんが、独り立ちした暁には、こんなに頼りになる存在はいません。男性も女性も年をとれば体力気力が衰えますから、互いに力を合わせて生きていくことが理に適《かな》っているのです。

たった一言でもケンカせずにすむ言葉

東大合格者数三七年連続日本一を誇る名門、開成中学校・高等学校。その校長であり、東京大学名誉教授の柳沢幸雄《やなぎさわゆきお》氏は、「人を育てる」をテーマにした数々の著書のなかで、「人はほめて育てなければならない」ということを一貫して提唱しています。

たとえば、夫に食器の後片付けを頼んだとします。妻が洗い終わった食器を見ると、泡や油汚れが残っており、なおかつ、シンク周りに水が飛び散り、床まで濡れています。

こんなときに、多くの妻がやりがちなのは、「ああ、二度手間。だから私がやったほうがずっと早い。もういいわ、あっちでお茶でも飲んでいて」と、夫をキッチンから追い出してしまうことです。

夫からすれば、慣れない仕事をがんばってやったのに、その部分は評価されず、有難迷惑のような顔をされたら、二度とやる気が起きません。

しかし、上手にできたかどうかではなく、洗い物をしてくれたという事実に焦点を当てればどうでしょう。「それまで、自分の食べたお皿を下げることすらしなかった夫が、たとえ完ぺきではないにしろ、洗ってくれるなんて!!」と、大きな成長を感じられ、感謝の気持ちと同時に「すごい!」とほめ言葉が出てくるはずです。

その気持ちを、ちょっと照れくさいかもしれませんが、「ありがとう。まさか、あなたがお皿を洗ってくれる日が来るなんて思わなかった。すごく嬉しい」と、伝えるのです。

感謝されて嬉しくない人はいませんし、大好きな妻からほめられるのですから、その効果はよりいっそう大きいものになるでしょう。それが、「よし、次もがんばるぞ」というモチベーションになり、上達の助けとなるのです。

そのとき覚えておいてほしいのが、**決してほかの人と比べない**ということです。具体的には、「〇〇さんの家の旦那さんは、お皿を洗うだけじゃなくって、料理もひとりで作っちゃうんだって。そこまでできたら、いいわよね。うらやましい」といった一言です。

もしかすると、ライバル心をあおってやる気を育てようとしているのかもしれませんが、これはかなりリスキーです。男性は一般的にプライドが高いので、「そんなことを言われてまでやる気にならない」とへそを曲げられてしまう危険性があります。

とにかく、ほめて育てる。さらに、ほめるときは、ほかの人と比べるのではなく、その人の過去と現在を比べて小さな成長を見つけてほめる。柳沢先生はこれを、「垂直比較」と呼んでいます。

ほめるところが見つけにくいような場合でも、人は何かしら成長をしています。はたから見れば、小さな進歩かもしれませんが、そこを見逃さずにほめることこそが、ほめて育てる極意なのです。六〇代夫婦は、「互いをほめる」をキーワードにすると、きっとうまくいくはずです。

ささやかでも「役に立っている」という実感

定年退職を迎えた男性が、特にすることもなく時間を過ごしていると、次第に元気がなくなって、一気に老《ふ》け込んでしまいます。それは、誰かの役にたっているという実感がなくなるからです。

人は、するべきことや、誰かに求められること、誰かの役に立つことでハリと輝きを保てるのです。

本来なら、定年後にも何かしらの仕事を続けられれば理想的ですが、六五歳を超えると求人もぐっと減ってしまいます。ですから、せめて、家族のために何かできるような努力が求められるでしょう。

延べ一万三〇〇〇名を超える高齢者の最晩年に関わってきた、高齢者専門病院・慶成会の会長、大塚宣夫《おおつかのぶお》医師は、阿川佐和子《あがわさわこ》さんとの共著『看る力』のなかで「**留守番ができるようになると、家庭生活円満や認知症の予防にもなる**」と述べています。留守番ができるようになるとは、妻がいなくても、食事を含む身の回りのことが自分でできるという意味です。

また、大塚医師は、家事は知的労働なので、男性もやり始めると楽しくなる要素をもっているといいます。

たとえば料理ひとつとっても、鍋に湯を沸かしながら野菜を刻んだり、肉を焼きながら皿を準備したりと、いろいろ頭を使います。また、冷蔵庫にある材料を見て、何を作れるかを考えるなど、脳が活発に動きます。

効率的にものを考えるのは男性の得意ジャンルですから、ハマる要素がいっぱい。また、基本的に男性は道具をそろえるのが好きですから、そういう面でも料理は男性向きといえるでしょう。

さらに、長年、出されたものだけを食べていたけれど、自分で作れば好みのメニューや味付けも自由自在です。

家族の役に立ちながら、自分自身のスキルアップと脳トレーニングが同時にできる料理は、いいことずくめ。定年後はまず、「料理」に挑戦してみませんか。

よかれと思っての同居が余計なストレスを生む

「孫は目に入れても痛くないほど可愛い」。そんな話をよく耳にします。確かに、わが子を育てたときと違い、ある意味無責任に可愛がることができる孫は、よりいっそう可愛さが増すのかもしれません。

でも、若夫婦、孫との同居では、思わぬトラブルがあるのも、六〇代夫婦は知っておく必要があるでしょう。

「保育園落ちた、日本死ね」という投稿が、「そうだそうだ！」「私も同じ」という共感とともに世間を騒がせたことは記憶に新しいと思います。子育てしながら働く女性の増えるスピードと、それをサポートする社会が追い付けていない現状を、多くの人が知るきっかけとなった出来事です。

そうした社会背景のなか、子どもの誕生をきっかけに親と同居する若い世代が増えています。持ち家の親と同居すれば、家賃も水道光熱費もぐっと抑えられますし、保育園の送り迎えや、子どもが熱などを出して保育園を休むときにも、親のサポートが受けられるからです。

しかし、**同居を始める際には、さまざまな取り決めをしておかないと、後になって互いが嫌な思いをしてしまいます。**はじめが肝心なのです。

ある家庭の例を紹介します。

私の知り合い、S子さんは定年を迎えた夫と、「好きなことをしながらのんびり過ごそう」と思っていたところ、娘から同居の提案を受けました。

歩き始めたばかりの孫は可愛い盛りだったことと、年寄り二人だけより、将来的に二世帯で暮らすほうが安心という判断から、同居に踏み切ったのです。

さて、同居から一年後、娘が仕事に出たいと言い出しました。近所には入れる保育園がなかったため、S子さんは夫と二人で面倒を見ることになりました。

しかし、夫が面倒を見てくれたのはほんの一か月だけ。なぜなら、夫は定年をきっかけに町内会の役を引き受けたり、市民活動などで忙しかったからです。

S子さんも、友だちに誘われて、ピアノ教室に通いたいと思っていましたが、孫の世話に疲れてそれどころではありません。

そのため、「孫が幼稚園に通うようになったら習いに行こう」と自分に言い聞かせていました。しかし、次第に不満が募ってしまい、ある日ついに爆発。きっかけは娘の配慮にかけた一言でした。

「家のなかばかりに閉じこもってないで、もっと外で遊ばせてもらえない？」

孫は男の子で動きが活発。女の子しか育てたことのないS子さんにとっては、予想もつかない動きをします。そのため、公園に連れていけば、ジャングルジムから落ちないか、滑り台でけがをしないかなど、常に近くで見守っていなければなりません。

また、公園では若いお母さんたちばかりで、居心地も悪いのです。

自分のやりたいことを我慢し、できるかぎり努力しているのに、感謝の言葉ではなく、批判されたことがショックでした。

「私だってやりたいことを我慢してるのに、なによ、その言いぐさは」

そして、堪忍袋の緒が切れたS子さんは、以降、孫の世話を一切見ないと断言したのです。

結局、娘が仕事を辞めて、S子さんは育児から解放されましたが、しばらくは娘と口も利かず互いに嫌な気持ちを抱えながら、一つ屋根の下で過ごしたのです。

このように、若夫婦の生活スタイルに無理やり合わせることで、親夫婦の負担が増えてトラブルになるケースは少なくありません。

「孫は可愛いけれど、体もしんどいし、自分の時間も大事にしたい」と思う親。「可愛い孫の世話を焼くのは、年寄りの生きがい」と考える若夫婦。

その考え方のずれが、トラブルの原因になるのです。だからこそ、同居をする際には、「家族だからわかりあえる」とは考えず、トラブルが起きて互いが嫌な思いをしないように、あらかじめ自分の意思ははっきり伝え、ルール作りをしておくことが肝心なのです。

二世帯住宅にするのなら、住まい方をよく考える

定年を機に家をリフォーム。どうせなら、息子や娘夫婦と同居できるように二世帯住宅に……。そんな流れで同居生活が始まることがあります。

ただ、同居を考える際に、どんなふうに家族が住み分けるのか、それをよく考えたうえで、家の形を決めなくてはなりません。

二世帯住宅と一言にいっても、いろんな形があるのをご存じでしょうか。

一つ目は「**共用タイプ**」で、これは、台所も風呂場も玄関も一緒で、分かれているのは寝室のみという、最も家族の距離が近い形です。コミュニケーションが濃密になるぶん、プライバシーが守りにくく、軋轢《あつれき》が生まれる可能性もあります。

最も家族のきずなを感じられる家の形ではありますが、メリットとデメリットをよく考える必要があるでしょう。

さらに、水道光熱費や食費も一緒になるので、割合分担についてもきちっとしたルール作りをしなくてはなりません。

二つ目は「**上下住み分けタイプ**」で、玄関だけ共用で、生活空間が上下に分かれている形です。家によっては、風呂場のみ共用という場合もあります。台所がそれぞれにあるので、食事も別になって、共用タイプに比べると家族のコミュニケーションは少なくなります。

このタイプは、親世代が下に住み、子世代が上に住むのが一般的ですが、足腰が丈夫なうちは、親世代が上、子世代が下に住んだほうがうまくいきやすいというデータがあるのです。

なぜなら、子世代のほうが、家族一人ひとりの生活リズムが異なり、出入りが頻繁になります。また、生活音も子世代のほうが大きいので、親世代が下に住んでいると、音が気になって落ち着かない、眠れないというトラブルが起きやすいそうです。

親世代がいよいよ足が利かなくなってきたときに、上下を入れ替えるという方法があるのを念頭に置いておきましょう。

そして、三つ目は「**完全分離タイプ**」。これは、玄関からしっかり分かれているタイプで、上下タイプと左右タイプがあります。上下タイプの場合は、「上下住み分けタイプ」と異なり、階段が外にあります。

左右タイプはドアが左右に並んでいる形で、同居というより、お隣さんという感覚でしょう。この形になると、積極的に声をかけなければ、何日も顔を合わさないという可能性もあり、また、相手の家に入るには合鍵が必要になります。

どのタイプの二世帯住宅がいいのかは、「家族がどう関わっていきたいか」によって異なるでしょう。

家は一度建てたら何十年もの間、その形が維持されます。だからこそ、自分がどんなふうに暮らしたいのか、また、子どもが成長し、大きくなったときのこともよく考え、お互いに遠慮なく意見を交わし、それを尊重しあわなければなりません。

地域人の仲間入り、これだけはやっておく

一般的にフルタイムで仕事をしている人にとって、家は休息の場です。朝早く家を出て帰ってくるのは暗くなってから。休みの日も、外出したり家でゴロゴロしたり、ご近所さんと関わることも少ないと思います。

たとえば、向こう三軒両隣にどんな人が住んでいるかわかりますか。もしかす

ると、名前すら知らないかもしれませんね。

職場ではたくさんの人とつながっているのに、自分の生活の拠点となる地域のこととなると、案外知らないことだらけなのです。

しかし、六〇代。定年を迎えるにあたって、だんだんに地域人としての自覚をもち、少しずつで構わないので、地域を本当の意味でのホームと考えるようにしましょう。

たとえば、ご近所の方へのあいさつひとつとっても、儀礼的に済ませるのではなく、「おはようございます。今日も暑くなりそうですね」「こんにちは、冷え込みが厳しくなりましたね」と、**プラスアルファの一言を添えるようにしましょう。**それだけで、相手との距離がぐっと近くなります。

定年になってからご近所付き合いを始めるより、アイドリング気分で少しずつ準備をしておくと、定年後の生活がスムーズにスタートできます。

それまで、地域のことを家族に任せっきりだったという人は、ゴミ捨てや、回覧板をまわすなど、積極的に地域のなかに出ていきましょう。そうした小さな積み重ねが、地域になじむ近道です。

「還暦が 若い血となる 町内会」

というシルバー川柳があります。町内会や自治会では、人生の先輩と呼ぶにふさわしい、七〇代、八〇代の方々が活躍していますので、還暦程度はまだまだ若手。手伝いを名乗り出れば、大歓迎してくれます。

また、**地域になじむことは、防災の観点でも非常に重要です。**災害は突然やってきますし、マニュアルを読んでもその通りにはいきません。いざ助けが必要なときに、お互いが助け合えるような関係を築いていくことが肝心なのです。

昔の肩書をひけらかす人は孤立しやすい

「現役時代は海外を飛び回っていろんな仕事をしてきました。一応、どんなことでもできると思いますのでよろしくお願いします」
「以前は、部下が何十人もいて世話が大変でした。やっと肩の荷が下りましたよ」
これは、地域デビューした男性が、自己紹介のときに実際に口にしたセリフです。

本人としては、さりげなく自己アピールをしたつもりかもしれませんが、聞かされる側はうんざり。自慢話はどうしても鼻につきますね。

さらに強者になると、辞めた会社の名刺を持ち歩いたり、事あるごとに勤務していた社名を口にしたり……。そういう人はたいてい、名の知れた大きな企業や、エリートと呼ばれる職種に就いていた人たちです。

人の印象は初対面でほぼ決まるというほど大切な場面なのに、どうして相手が引いてしまうような自慢をするのでしょうか。

こうした行為を、**マウンティング**と呼ぶことがあります。

マウンティングとは、多くの哺乳類のオスが交尾のときに、ほかのものの馬乗りになる行動で、サルでは個体間の優位性を示すためにもおこなわれます。

定年男性は、年収や学歴、能力や実績などにステータスを感じるので、初対面の相手にそれを誇示することで、「俺のほうがお前より上だ」と、ガツンとわからせたいのです。つまり、強い承認欲求です。

しかし、そうした行為の根底にあるのは、強さとは裏腹の劣等感です。

現役時代にエリートであればあるほど、その肩書や仕事がなくなったときに心もとなくなります。なぜなら、肩書はいわばその人の武器。それがなくなって丸腰になった不安が、「俺はこんなにすごかったんだ」という自慢の形で現れるわけです。

ニッセイ基礎研究所の社会研究部・主任研究員の土《ど》堤《て》内《うち》昭《あき》雄《お》氏は、「退職すると『名刺のない暮らし』が始まる。**退職とは社会から退出することではなく、これまで仕事を通じて築いてきた社会との関係性を、今度は個人として再構築する機会だ**」と話しています。

また、現役時代には、仕事仕事で地域に関わりをもたなかった人が、退職後に、地域のなかで自分の居場所を見つけることこそが、名刺に代わる自己アイデンティティになる、とも……。

定年後の、特に男性には「**きょういく**（今日行くところ）」と「**きょうよう**（今日の用事）」が大事です。そのために地域での居場所づくりは健康的な定年後生活には欠かせないのです。

そして、地域デビューを成功させるには、過去の経験やスキルにとらわれすぎず、笑顔を忘れずに接することです。

会社以上に、地域のなかにはさまざまな人がおり、多様な価値観があります。変だなと思うことがあっても、正論をかざして反論したりせず、「そういう考え方もあるね」と、大きく構えましょう。

そして、自慢と見栄《みえ》は封印し、穏やかな気持ちを心がければ、地域での居場所を見つけられるのです。

してもらって当たり前という気持ちを捨てる

作家の曽野綾子《そのあやこ》さんが、著書『老いの才覚』のなかで、「**くれない族**」という言葉を使っています。「くれない」という音から「紅」を連想し、なんとなくつやっぽい人たちを連想するかもしれませんが、その中身はまるで違います。

「私が寝込んでいるのに、見舞いひとつ来てくれない」

「孫が生まれたのに、顔を見せてもくれない」

「役所は、こんなサービスすらしてくれない」

のように、自分の身の回りに起きるさまざまな不満を責任転嫁して、「〜してくれない」と文句をいう人たちを揶揄《やゆ》して、こう呼んでいるのです。

誰でも、年齢を重ねると、気力や体力が衰えて、それまで簡単にできていたことが徐々に難しくなります。理由がわかっているのに、できないもどかしさを、ありのまま受け入れられず、「〜してくれないからいけないんだ」と、他人の非としてとらえてしまいがちです。

こんな、みっともない年の重ね方はしたくないものですね。

そして曽野さんは、著書のなかで「自立を可能にするものは、自律の精神である」とも話しています。

これは、自分の足で立つ、あるいは経済的に誰かに依存しないということだけでなく、「自律」、精神的にも、自分自身をきちんとコントロールしていかねばならないということです。

六〇代は、仕事や子育てを終えて、ある意味、自分の生きたいようにわがままに生きられる年代です。同時に、さまざまな衰えを実感する年齢でもあるのです。

誰にも気兼ねせず、自分のしたいように生きるには、さまざまな責任も引き受けなくてはいけません。そして、**わがままな生き方をするには、他人のわがままな生き方も尊重しなくてはならないのです。**

キレやすい人は、感情が老化している

ちょっとしたことで声を荒らげたり、店員や係員を怒鳴りつけるシニアの姿を目にしたことはありませんか。

きっかけは、言葉遣いがなっていない、態度が悪い、待たせすぎるなど、ほかの人なら、やり過ごしてしまうようなことに対して、ムキになっているのです。本人は、「教えてやっているのだ」という気持ちなのかもしれませんが、はたから見れば非常にみっともないものですね。

では、こうしたシニアはもともと怒りっぽい人かというとそうとはかぎりません。実は、**キレやすいその理由は、脳の老化と密接な関係があるのです。**

精神科医の和田秀樹《わだひでき》氏は、「人は感情から老化する」とさまざまな著書のなか

で記しています。感情の老化とは、「がんばろう！」とか「○○をやってみたい！」といった自発性や意欲の低下のほかに、怒りや悲しみといった感情のコントロールができなくなることを意味しています。

老化というと、物忘れが増えたり、階段の上り下りがきつくなったりと、知力や体力のことばかりが思い浮かびますが、それより、**「感情の老化」のほうが始まるのが早く、四〇代ごろから下り坂になる**と考えられています。

たとえば、若いころはお洒落だった人が、加齢とともに、決まったような格好ばかりする。二〇代のころは海外旅行が趣味だったのに、次第に億劫《おっくう》になって国内旅行にしか行かなくなったり、若いころはアイデアが泉のように湧いてきたのに、最近ではさっぱりといったことも、感情の老化の兆候かもしれません。

また、自分と異なる意見が気になって仕方ない、自分の意見が譲れなくなったといったことなども、感情の老化のサインと読み取れます。

とはいえ、感情の老化は日々のちょっとした工夫や努力、考え方などによって、そのスピードをゆるやかにすることができるのです。

「いつかそのうち」という考えは禁物

人間の体は動かさないとあっという間に衰えてしまうように、脳も、使わなければどんどん老化します。ですから、簡単にいえば、脳を動かせばいいのです。

実は、**感情をつかさどる前頭葉は、いつもと同じことをしているときにはあまり働きません。**しかし、ハラハラドキドキするようなシーンや、思いがけないことに直面したときには活発に働いてくれます。

たとえば、旅行ひとつとっても、なにもかも準備されているパック旅行と自分で組み立てて行動する旅行では前頭葉の働きがまるで違います。

さらに、国内旅行と海外旅行。もっといえば、英語が通じる国と、英語がまったく通じない国への旅行では、後者のほうが圧倒的に前頭葉が活発に働きます。

また、若いころは何を食べてもおいしかったのに、最近ではさっぱり……という人ならば、本物の味を求めてグルメツアーをするなども、前頭葉を働かせるには効果的です。
つまり、何かやりたいことを考え、いくつもアイデアをプールしておき、実践する。そのことで脳の老化はゆるやかにできます。

定年後の、特に男性に多いのが、「長い間働いてきたから二〜三か月は何もせずにのんびり過ごそう。ゆっくり休んでから今後のことを考えればいい」というものです。

しかし、二〜三か月何もせずにダラダラと過ごすうちに、感情の老化は進行し、気がついたときには、何かを面白いと感じる気持ちも、何かを始める気力も失《う》せてしまう……。そんなケースが目立ちます。

「何かやらなきゃいけないとは思うけれど、やる気が起きない。何を見ても面白そうに思えない」。そうなると、ますますダラダラした生活は続き、脳の老化が進行し、いつもイライラ不機嫌な状態に陥ってしまうのです。

脳の老化は日々進行します。だからこそ、今これを読んだ瞬間から、どんなに小さくてもいつもと違うことを計画し、実行してみましょう。

老後にこそ欠かせない「心ときめくこと」

感情の老化防止には、ドキドキハラハラが利くと話しましたが、ドキドキハラハラする気持ちといえば、恋愛感情が挙げられるでしょう。

「六〇歳を超えて、恋愛なんて……」と思うかもしれませんが、六〇代などまだまだ序の口で、高齢者施設で男女が恋に落ちる、ひとりの女性（男性）を取り合いになり修羅場になるなども珍しくありません。つまり、その気になれば、人間死ぬまで恋ができるのです。

とはいえ、伴侶のいる人が異性と深い仲になるのはやはり問題があるので、**六〇代は、ガールフレンド、ボーイフレンドと呼べる友だちを作るのが理想的です。**

想像してみましょう。妻や夫以外の異性といろんなおしゃべりをしたり、メールのやりとりをしたり。考えただけでドキドキしませんか。そのときめきが脳を若返らせるのです。

いきなり友だちになるのは難しいかもしれませんが、はじめは一言、次は二言、三言と積み重ねるうちに、互いの距離がどんどん縮まっていきます。異性とのやりとりは、心にハリと元気を与えてくれるのです。

そして、元気といえば、セックスも心身を元気に保つのにとても重要なのですが、男女ではセックスに対する感じ方の差があります。

避妊具のメーカーが、二〇〜六〇代の男女一万四一〇〇名を対象にした調査では、六〇代男性の六五・五％が「もっとセックスをしたい」と思っていますが、六〇代女性は八五・九％が「セックスをしたいと思わない」という結果が出ています。

セックスはどちらか一方の気持ちだけが優先されるべきではありませんから、気持ちがうまく合わない夫婦は、せめて触れ合いだけでも大切にしましょう。

就寝前に互いに肩をもんだり、体をマッサージするだけでも、ぬくもりや愛情を確かめあうことができます。

また、外出の際にはぜひ手をつなぎましょう。年齢を重ねた夫婦の仲睦まじい姿は、どんなカップルより魅力的なのですから。

これからの人間関係は「淡き交わり」をめざす

生活経済評論家の川北義則《かわきたよしのり》氏は、著書『みっともない老い方』のなかで、シルバー世代の人付き合いは「淡き交わり」が良いと語っています。

特に男性は、組織のなかで強い団結力を求められ続けてきたので、そうした人間関係がしみついていています。そのため、つい命令口調になったり、自分の考えを相手に押しつけたり……。しかし、定年後はもっとゆるい付き合い方にシフトチェンジする必要があるというのです。

たとえば、まだ出会ったばかりの相手に、「どこに住んでいるの？」「家族構成は？」「元勤めていた会社は？」などと踏み込んだ質問をするような人がいます。その手の人は、「自分もいろいろ話すので。相手からも聞きたい」と思うのかもしれませんが、それが、組織のなかで培われた「お前も同じだろう」という考え方の悪い癖です。相手は自分と同じとはかぎりません。

また、人は見かけによらずいろいろな事情を抱えています。人に聞かれたくないこと、人に言いたくないこともあるのです。

酸《す》いも甘いもかみ分けたシニアであれば、そのあたりも察して、適度な距離感を保つ「淡き交わり」が理想的。そして、相手との付き合いが淡くなったぶん、道で会ったときにあいさつする程度の、いわゆる顔見知りの人を増やす必要性を述べています。

なぜなら、年齢を重ねれば、病気やけがなどで誰にお世話になるかわかりません。そのとき、**周囲に「知り合い」と呼べる人がひとりでも多いほうが助かります。**

そして、あいさつ程度の人の数が増えれば、必然的にそのなかから、本当に気の合う、腹を割って話せる人が出てくるかもしれません。

最近では、地域のなかでの人間関係が希薄になりがちですが、定年後は、地域のなかでこそ、新たな人間関係を構築する意識が大切になってきます。

親の世話、見送りは六〇代の大切な仕事

いつまでたっても親は親。誰かが高齢になり、介護が必要になったり認知症になったり、あるいは亡くなっても、心のどこかで「うちの親はまだ大丈夫」と思ってしまいがちです。

たぶん、「大丈夫であってほしい」という気持ちがそう思わせてしまうのでしょう。しかし、スピードの違いこそあれ、人は年々衰えていくもの。そして、いずれは必ず死ぬのです。

だからこそ、**六〇代は親の世話や見送りに直面することがぐんと増える年齢**であるのを覚悟しておかねばなりません。そうしないと、「あのとき、ああすればよかった、こうしておけばよかった」と、悔やんでも悔やみきれない思いが残るからです。

そして、親の世話や見送りには、常にさみしさが付きまといます。

自分を守り育ててくれた絶対的な存在が、次第に弱っていく姿を、誰だって見たくはありません。そのため、肝心なことを話せないまま、大切なことを聞けないまま永遠の別れになってしまった人を、私は数多く見ています。

たとえ、**亡くなるときはひとりであっても、その前には家族に「ありがとう」と言い合える時間がほしい。**たくさんの患者さんを見送ってきた私は、いつもそんなふうに考えています。

なので、六〇代は、親と過ごす時間が限られた時間であることを、常に頭に置いておくべきです。

いつまでも元気でいてほしい親。そのため、「介護が必要になったら」「認知症になったら」「今もっているお金は?」「お墓は?」「遺産は?」といった大切なことを聞けずにいる人は少なくありません。

「縁起でもないこと」の一言で、現実から目を背けず、こうしたことこそが大切なことだと受け止めて、親とどんどん話をしてほしいのです。

勝手な思い込みを親に押しつけない

会社員のMさんは、金婚式を迎えた両親のために、沖縄旅行のツアーをプレゼントしました。せっかくなので奮発して良いホテルを取り、プライベートリムジンもチャーター。両親に良い思い出をたくさん作ってほしいと考えたのです。

ところが、旅行から帰ってきた両親の口から出たのは、「あんなにお金を使ってもったいない」とか「疲れた」といった言葉。もちろん、感謝の気持ちも伝えられましたが、それを上回る不満に、Mさんはがっかりしてしまったのです。

こんなふうに親のためによかれと思ってやったのに、思いのほか感謝されなかった、それどころか「迷惑だったの？」というような反応が返ってくることがあります。

この原因は、「旅行をプレゼントすれば喜ぶに違いない」「息子の心遣いに感動するに違いない」といった、子どもの思い込みでしょう。

もしかしたら、両親は豪華な旅行をプレゼントされるよりも、息子が孫をつれて遊びに来て、みんなでちょっと近所の回転ずしに行くことのほうがよかったかもしれません。

子どもが考えるよりも、親は年をとって疲れやすく、いろんなことに億劫になっているかもしれません。だからこそ、「きっとこうに違いない」という思い込みを捨て、「金婚式に何かしてあげたいんだけど、旅行とかどうかな？　行きたいところややりたいことを教えて」と、聞いてみたらよかったのです。

そうすれば、「実は、最近膝が痛いから、遠くに行くのはどうもね。それに、トイレが近いから、飛行機みたいにトイレに行きにくいのは嫌なのよ」。あるいは、「お父さんと二人で旅行に行っても移動も大変なの。近くでいいから、あんたも一緒に行ってほしいな」といった本音が聞けたかもしれません。

特に離れて暮らしている人は親の状態を正確に把握できません。まずは話す、聞いてみる、それが老いた親との付き合い方の大切なポイントなのです。

親の生きがい探しなんてしなくていい

「親がボケないようになんとかしなきゃ」「もっとイキイキできるよう、何かさせなきゃ」と、子ども世代がやきもきしているのを見かけます。

何年か前ですが、「母は、これといった趣味がないのですが、どうすれば生きがいを見つけられますか？」と聞いてくる娘さんがいました。

その深刻な話しぶりから、お母さんは毎日を暗い表情で過ごしているのかと思ったら、長年飼っている老犬の世話をし、気がつくと楽しそうに犬に話しかけているというのです。ごくごく近所ですが、散歩も欠かしません。

私が、「お母さまが満足していらっしゃるようなら、それでいいと思いますよ」と話すと、娘さんはなんとなく腑《ふ》に落ちない様子。きっと、娘さんが考えるお年寄りは、もっとアクティブで、絵手紙を習ったり、お友だちとお茶を飲みに行ったり、そういった姿だったのかもしれません。

しかし、**何を生きがいにするか、何に楽しみを感じて毎日を過ごすのかは千差万別。**個々人が決めればいいことで、いくら娘だからといって口出しするのは余計なお世話でしょう。

人間は特にこれといった目標や生きがいがなくても、ちゃんと生きていけるものです。誰かのために尽くしたり、趣味に没頭しなくても、毎日をそれなりに過ごせているのなら背伸びする必要はありません。

ましてや、このお母さまは犬と一緒に暮らすことにきちんと楽しみを見いだしているわけですから、外野が無理やりに生きがいを押しつける必要はありません。

もちろん、娘さんが母親のことを思って、心配になる気持ちはわかります。しかし、高齢者といっても、お母さんはひとりの人間であり、ある意味人生の大先輩です。

年齢を重ねれば、誰でもガタが来て、子ども世代に心配してもらうこともあるでしょう。けれど、本人が穏やかに満足して過ごしており、健康上に不安がないようなら、余計なおせっかいはやめておいたほうがいいのです。

子ども扱いするから傷つけあう

子ども扱いしてはいけない。年長者として尊敬の気持ちをもって接する。これは、高齢者の方が利用する施設では、スタッフに徹底されることです。

しかし、親とのコミュニケーションのなかで、子どもが高齢者を子ども扱いするシーンはたびたび目にします。

たとえば、親がやろうとすることを、「危ないから、手を出さないで、私がやるから大丈夫」と制止したり、「お父さん、私の言っていることわかる？　心配だからもう一回言ってみて」というように、親をためすような接し方もあります。

年齢を重ねると、だんだんにいろいろなことがスピーディーにできなくなったり、苦手なことが増えるかもしれません。しかし、**高齢になったからといって、知能が低くなるわけでも、それまでに培われた知識が枯れるわけでもありません。**

だから、子ども扱いされるとプライドが深く傷ついてしまうのです。

「年寄りは弱者だから若い世代が気を配る」。これは一見親切で良いことのように感じられますが、実は上から目線で高齢者を見下しているのも同じです。

病院の診察室のなかでは、「お母さん、先生の言うことをちゃんと聞きなさいよ」とか、「わがまま言って看護婦さんに迷惑かけちゃだめよ」などという言葉も耳にします。

人前でこんなふうに子ども扱いされたら、親としては面目丸つぶれ。腹立たしいやら情けないやら、その場から逃げ出したいでしょう。

そのうえ、不機嫌な顔をしたら「まったく頑固になった」などと言われるのですから、踏んだり蹴ったりです。

親とのコミュニケーションがうまくいかずに悩んでいるという人の話をよく聞きますが、まず、子ども扱いしていないか。**ひとりの大人としてきちんと尊敬の気持ちをもって接しているか。**そこを再確認する必要があるでしょう。

片づけを「親任せ」にするほど後が怖い

数年前に、「親家片」という言葉が流行しました。これは、「おやかた」と読み、年老いた親の家の片づけという意味の造語です。

片づけといえば、「断捨離《だんしゃり》」を思い浮かべる人も多いかもしれませんが、断捨離は、意欲的に将来を切り開くためのノウハウで、高齢者の家の片づけとはちょっと意味合いが違います。

親家片は、体が思うように動かなくなった親のために、バリアフリーなどの改装工事をする場合や、親の入退院、施設への移転、あるいは死亡をきっかけにおこなわれることが多いようです。

親家片で、最も大変なのは、あふれるほどある「モノ」をどうやって整理するか。高齢者でも、長年都会のマンション暮らしをしていたような人は、比較的コンパクトな住み方を身につけていますが、都会でも古い一戸建てや地方の一般住宅で生活してきた人は、特に意識もしないまま、大量のモノと同居しているケースがほとんどです。

離れて暮らす子どもが久しぶりに実家に帰ったら、あまりのモノの多さに驚くという話はよく耳にします。

もちろん、子どもはすぐにモノを処分することを勧めますが、**モノのない時代に育った親世代は、なかなか「捨てる」ができません。**

さらに、消費が美徳とされた時代も生きていること、また、長く生きたぶん、一つひとつの品に思い出があり、それが余計にモノをため込む原因になっています。

子どもにとってはどうでもよくても、親にとってはかけがえのない品。それを勝手に捨てれば親子の関係性が悪くなってしまうでしょう。

とはいえ、放置しておけば、転倒の心配もあります。**高齢者が病院に救急搬送される原因のうち、約八〇%は転倒。しかも、その約六〇%が住居内**ですから、ごちゃごちゃとモノが点在する環境は、非常に危険なのです。そのあたりを丁寧に説明し、理解を得ながら進めていく心構えが必要になってきます。

新年を迎えるときや、誕生日などをきっかけに始めるのもいいかもしれません。

ただし、親世代は「捨てる」という言葉に敏感なので、「片づける」「整理する」

という言い方のほうが受け入れやすいでしょう。

同時に、「どうして、こんなになるまで放っておいたの！」「だらしない。ちゃんとしてよ」といった、批判的な言葉は封印です。

高齢者は、なにも好き好んでモノがあふれかえった状態にしているわけではありません。加齢とともに、物事を計画的に進めるのが苦手になり、集中力も若いときほど持続しないため、一度散らかり始めるとどんどんひどくなってしまうのです。

「片づけなくちゃいけない。きれいにしよう」という気持ちがあっても、「そのうちやればいい」という気持ちに呑《の》みこまれてしまうのが高齢者の特徴。だからこそ、片づけを親任せにするのではなく、一緒に片づけたり、プロの力を借りたりしながら、本人が過ごしやすいスペースを少しずつ増やす気持ちが大事なのです。

自分の人生を犠牲にすることなく親を看る

「介護離職」という言葉が、たびたび取り上げられるようになっています。

親の症状が悪化し、長い時間の介護が必要になって会社を辞める人だけでなく、遠距離介護に限界を感じ、仕事を辞めるパターンもあります。

しかし、仕事を辞めれば、当然、経済基盤を失い、親の資産や年金などに頼らざるを得なくなりますし、社会とのつながりをなくしてしまう危険性があるでしょう。

ある男性は、四〇代で介護離職をしました。幸い、親にある程度の資産があったため、食べることには困りませんでしたが、親が亡くなった後、いざ働こうと思っても、希望する就職先が見つからず、その後の人生に希望を失ってしまったのです。

そうなると、「親のせいで人生がダメにされた」という恨みが出てきて、離職までして親の介護を引き受けた優しい気持ちが台なしです。親としても、子どもの人生を踏み台にしてまで介護をしてほしいとは思っていないのではないでしょうか。

だからこそ、困難ではありますが、介護と仕事はできるだけ両立させるべきです。そのために、介護者の味方である、ケアマネージャー、介護スタッフ、医療者などを味方につけ、また、介護支援制度をよく調べて、利用できることは、どんどん利用していくべきでしょう。最近では、地域のボランティアも強い味方になっています。

また、公共のサービスだけでなく、お金を出せば配食サービスや見守りなども可能です。**仕事を辞めて収入がなくなることを考えれば安いもの**かもしれません。

さらに、助けてくれる周囲の声には耳を傾けても、「子どもなんだからもっと世話を焼くべき」「施設に入れるなんて薄情」といった外野の声は一切無視しましょう。

介護のこととなると、いろいろ言いたい人が必ず出てきます。しかし、そうした人たちは、言いたいことを言っているだけで何の責任ももってくれません。

介護者の精神状態が良いことが、良い介護につながります。だからこそ、自分の楽しみも優先させ、時には手抜きもする。無理のない介護が何よりなのです。

お互いのために「息切れしない介護」を

作家であり、インタビュアーとして活躍する阿川佐和子さんは、九四歳で他界した父を看取り、現在も認知症がゆるく進行している母親の介護をしています。そうした経験をもとに書いた『看る力』（大塚宣夫氏との共著）は、介護に悩んだり行き詰まったりする人に元気を与えてくれると評判です。

しかし、阿川さんも今日に至るまでには、さまざまな失敗や迷いを経験しています。そのひとつが、がんばりすぎです。

あるとき、阿川さんは学生時代の友だちの集まりに誘われました。ところが、当時、阿川さんの父親は入院中、母親は認知症が始まり、自分自身は仕事が多忙なうえに更年期障害がひどく、軽いパニック状態でした。そのため、これこれこういう事情でとてもではないけれど、会合には参加できない、と断ったのです。

すると友だちは、「それならば、なおさら来なければならない」というので、仕方なく出向くと、友だちは全員介護経験者で、一番の新米が阿川さんだったのです。

そこで友だちから、「介護は長丁場。もしかすると一〇年かかるかもしれない。いつ終わるかわからないのに、今のように全力投球していたらひっくりかえってしまう。手抜きを覚えねばならない」とアドバイスされたのです。

実際、当時の阿川さんは、仕事をセーブして両親の介護に専念すれば、なんとか乗り越えられるかもしれないと考えていたため、友だちの言葉は目からうろこが落ちる思いでした。

親思いの介護者は、つい「自分さえ犠牲になれば」という思考になりがちですが、終わりがいつかわからない状態で、自己犠牲の精神だけで突っ走れば、必ず息切れが起こります。

だからこそ、自分の生活をきちんとキープしながら、手抜きもしつつ、長く続けるつもりで介護に取り組む気持ちが求められるのです。

ひとくちに認知症といっても、症状はさまざま

口には出さなくても、誰もが親の認知症を心配し、恐れています。

家族の顔がわからなくなり、徘徊し、理解できない言動を繰り返す……。そういった症状が現れれば、大好きだった親が知らない人になってしまうような、大切な思い出が壊れてしまうような、そんな感覚に陥るからではないでしょうか。

確かに認知症の代表的な症状としてはそういったものがありますが、すべてが当てはまるわけではありませんし、症状の出方も時によって変化します。聞きかじりの認知症の症状を当てはめ、いたずらにおびえるのは賢明ではないのです。

内閣府が発表した平成二八年度の「高齢者社会白書」では、六五歳以上の認知症高齢者数と有病率の将来についてみると、二〇一二年は認知症高齢者数が四六二万人と、六五歳以上の高齢者の約七人に一人でしたが、**二〇二五年には約五人に一人になる**との推計もあります。つまり、認知症は誰にでも起こる身近なものなのです。

認知症は物忘れと勘違いされやすいのですが、**「どんなものを食べたのかを忘れる」のが物忘れ、「食べたこと自体を忘れてしまう」のが認知症。**まったく性質が違います。ほかにも認知症のサインはさまざまあります。たとえば、

・しまい忘れや置き忘れが増え、いつも探し物をしている

・新しいことが覚えられない
・何度も同じことを聞いてくる
・いつも同じ服を着ている
・掃除がおろそかになり、部屋にゴミが溜まっている
・見ていたテレビの内容が理解できていない
また、「怒りっぽくなった」「失敗を他人のせいにする」といった症状もあります。

認知症は周りの人が大変というイメージがあるのですが、実際、**一番大変なのは本人です。**

「どうして、忘れてしまうんだろう」「なんで、できなくなったんだろう」と、大いに混乱しているのに、「なんで、こんなことするの？」「どうして忘れるの、おかしいよ」と家族に言われるためパニックになり、不機嫌だったり、自分の非を認めない、などの行動になるのです。

誰だって、親に認知症になってほしくないと思います。しかし、その思いが強すぎると、「ん、へんだな？」と思うことがあっても、「気のせいだ」「年寄りなんてそんなものだ」と、認知症の症状から目を背けてしまうのです。

どんな病気でもそうですが、早期発見早期治療は基本です。認知症は根本的に治すことはできませんが、投薬や周囲の人の理解と接し方によって、その症状をゆるやかにすることが可能なのです。

もし、「あれ？」と、気になることがあったら、認知症かもしれないと考えてみるのが、これからの子世代の課題になるでしょう。

認知症を解決しようとしてはいけない

阿川佐和子さんは、著書のなかで、こんなことも話しています。

「男は解決策を考え、女は対処法を考える」

具体的にどういうことかというと、阿川さんの母親に認知症の症状が出てきたとき、夫である父親はそれがなかなか受け入れられませんでした。そのため、忘れてしまってできないことを、「どうしてできないんだ」と責め、「もう一度やってみなさい」と教育しようとがんばったのです。「できないんだから仕方ないじゃない」と言っても、なかなか聞き入れなかったそうです。

認知症の人は、はたから見ればおかしいと思うことでも、一生懸命いつも通りにやっているのです。結果として、それができていないだけなので、他人から非難されれば不安になりますし、混乱が混乱を呼び、認知症の症状が悪化したように見えてしまうわけです。

イメージしてみましょう。もし、みなさんがいつも通りに食事をしているときに、周りの人が、「なんで、そんな食べ方するの?」「どうして、ちゃんと食べられないの? 恥ずかしい」と責め立てたら、驚いて何が起きたのか不安になりますね。

認知症でなければ、「じゃあ、どうすればいいの？」と解決に向けて行動できますが、認知症の人はそれができないわけで、だからこそ苦しいのです。

ですから、大切なのは、今起きている問題を解決しようとするのではなく、認知症の人の気持ちに寄り添って対処法を考えればいいのです。

具体的には、すでに、ご飯を食べたのに「まだ食べていない」と主張する親に対して、「もう、食べたでしょ」と叱るのではなく、「まだ、食べていませんでしたね。今準備しますから待っててください」と対応し、本人の気持ちを満たすことです。

認知症で最もつらいのは本人です。だからこそ、否定せずに気持ちに寄り添う。

このポイントをしっかり押さえることが良い介護につながるのです。

第3章

七〇歳になったら知的ひきこもりが面白い

体力が落ち、人と会う回数が減り、ひとりで過ごす時間が増える七〇代。退屈な毎日にしないためには、「学び」と「知的な挑戦」がキーワードになります。ひとりの時間を知的活動に充てることで、これからの人生を輝かせるのです。

「人生は冥土までの暇つぶし」だからこそ

人生百年時代では、七〇歳代はただの通過点です。

まだまだ先は長いのですが、このころになると身の回りの環境が変わったり、体力がなくなったりして、考え方も少しずつ変化していくでしょう。

環境の変化で一番多いのが、雇用期限が終わって完全なフリーになることです。現在の就労環境を見ると、そのボーダーラインを七〇歳に置いているところが多く、**七〇歳を機に仕事を離れる人がほとんど**のようです。

ただし、この数字は今後は上方修正される可能性があるので、一概には言えません。

そして、七〇歳後半になると伴侶を失い、ひとり暮らしになるケースも増えますから、それまでに描いていた老後のプランが大幅に変わるかもしれません。

また、「まだまだ若いつもりだが、体がついてこない」「やる気はあっても、無理がきかなくなった」など、身体的な衰えを実感するのもこのころです。

基本的に退職後は外出が減り、家で過ごす時間が圧倒的に増えます。ですから、そこでも頭の切り替えが必要になります。

仕事を辞めると、人生の目標を失って不安で抑うつ的な精神状態が続く「生きがい症候群」という症状が出ることがありますから、職を退いてからしばらくの間は注意したほうがいいでしょう。

この「生きがい症候群」が表れるのはほとんどが男性で、仕事一筋で働くことが生きがいになっていたようなタイプの人は要注意です。

仕事に熱中していたときの充実感がなくなり、「自分だけ取り残されている」といった疎外感をもつのがこの病の特徴です。

もしこのようにネガティブな感情にとらわれてしまったら、それは「自分の意識を改革するチャンス」と思ってください。

もしそれまで「人間は生きがいをもって生きなければいけない」「怠けて生きるのは恥ずかしいことだ」という観念をもち続けていたなら、その考えを基本から変える時期に来ているのです。

まず「こうでなければいけない」「こうしなければいけない」という呪縛から心を解放することが大切です。

七〇歳まで十分にがんばってきた人が、**これ以上「立派な人」を演じる必要はない**でしょう。もっと自然体で自分らしい人生を生きればいいのです。

でも、「これからの人生は暇ばかりになって、退屈するだろう」「どうやって過ごせばいいんだろう」と思う人もいるでしょう。百歳人生を退屈せずに暮らすことが本書のテーマですから、ここからぜひ、退屈知らずに生きるヒントをたくさん読み取ってください。

かつて天台宗の僧侶であり直木賞作家でもあった今東光《こんとうこう》さんは、「人生はな、冥土までの暇つぶしや。だから、上等な暇つぶしをせにゃあかんのだ」と言い残しましたが、ここまで肝が据われば怖いものなし。

「よし、上等な暇つぶしをしてやろう」と思えれば、意識改革も成功です。

堂々とひとりを楽しめる黄金期がはじまる

学校で、職場で、ご近所で、「たくさんの人と触れ合いながら過ごす人生こそ素晴らしい」と考えている人もいるでしょうが、七〇代ともなると、そうたくさんの人とコミュニケーションをとるのは難しくなってきます。

ただ、「大勢の友人に囲まれていれば幸せ」「人とにぎやかに話すのが好き」という人もいますが、実際はひとりでじっくり考えごとをしたり読書をするのが好きな人もたくさんいます。

ところが、日本ではこれまで、「コミュニケーションの好きな人は明るくて陽気」「ひとりが好きなんて地味で陰気」というレッテルを貼られがちで、「ひとりぼっちの老後なんて寂しすぎる」という考え方が多かったのです。

しかし、**ひとりでいるのが好きな人は思慮深く、人と交わらなくても充実した時間を過ごせる人**です。

じっくりと自分の好きなものや関心のあることに集中するには、ひとりのほうが絶対に向いているのですから、家で静かな環境を与えられたら、嬉しくないわけがありません。

漫画家でタレントの蛭子能収《えびすよしかず》さんは、小さいころから大勢と交わるのが苦手で、ひとりぼっちで過ごす時間が大好きだったといいますが、それがなかなか理解されず、「人付き合いのできない可哀想な人」と思われてきたのだとか。

数年前に『ひとりぼっちを笑うな』という著書を世に出した蛭子さんは、「僕は昔からひとりぼっちでいることが多かったし、友だちみたいな人もまったくいませんが、それがどうしたというのでしょう？　ひとりぼっちでなにが悪いというのだろう？」と、いつもの飄々とした口調で語るのですが、この話に「わかる、わかる」とうなずく読者も多いはずです。

確かに学生時代や働き盛りのころに、ひとりでいることを優先していたら「協調性がない」「付き合いが悪い」とヒンシュクを買うかもしれませんが、自分の務めを全うして七〇歳を迎えたのなら、「ひとりでゆっくり過ごしたい」という願いを叶えてもらっても、バチは当たりませんね。

むしろ、これからは他人の評価を気にせず、自由に自分の時間を使えるのですから、なんと贅沢なことでしょう。

朝から好きなジャズのレコード盤を聴き続けても、一日中、村上春樹《むらかみはるき》の本を読みふけっても、どこからも文句の出ない日が続くのですから、これでは退屈などしている暇はありませんね。

昔なら「なによ、一日中本ばかり読んで」とクレームのついたことも、七〇歳を過ぎれば大手を振って許されます。むしろ、**知的好奇心はここから上り坂を迎えることになりそうです。**

独学で「好きなことを好きなように」堪能する

私たちは一般に、「年をとるほど知力は衰える」と考えています。でも、最近の研究によると、七〇歳になっても人の動作性知能は五〇代とそれほど変わらないレベルで、なかには七〇歳以降に知力が向上したケースもあるのです。

つまり、**仕事から解放されて時間が自由に使える七〇代は、好きなことが学べ、知りたいことを知れる人生最大のチャンス**ともいえますね。さらに、インターネットが便利に使える今なら、いつでも独学ができるでしょう。

「年を重ねても好きな勉強ができるというのは、昔は特権階級しかできない贅沢だったのです。それがいまではやる気さえあれば誰でもできるのですから恵まれた時代です」

こう話すのは、ベストセラーになった『「超」整理法』や『バブルの経済学』の著書で有名な野口悠紀雄《のぐちゆきお》さん。

「海外旅行を楽しむために英語をマスターしよう、イタリアオペラを堪能したいからイタリア語を学ぼうなど、動機は何でもOK。覚えた語学を誰かに披露して自慢する、ほめられる体験をすると、学ぶ意欲が高められる」

と、野口さんは独学の楽しさを強調します。

野口さん自身、ロシア語の独学をしているそうですが、何度かギブアップしそうになった独学を続けられたのは、サポートしてくれたIT技術だと断言します。スマホの自動翻訳機能を使うと、独学の効率は前より断然よくなったのです。

こうした先達の苦労話は、私たちに学ぶことの楽しさと喜びをダイレクトに伝えてくれます。

ここで野口さんが教えてくれた**「独学」**と**「IT技術」**という言葉はとても大切で、知的ひきこもりの時期を充実させるキーワードになりそうです。

ツイッターで人生を変えた「IT高齢者」

七六歳でツイッターを始め、九万以上の人とネットでつながっているのが、現在八四歳の溝井喜久子《みぞいきくこ》さんです。ほんの軽い気持ちでツイッターを始めたそうですが、今ではフォロワーに向けて毎日小さな「つぶやき」を届けています。

友人からイベントの告知について相談され、ツイッターを試したのがきっかけでしたが、そのつぶやきが思いがけず人気を呼んで、あれよあれよという間に人気ツイッタラーになってしまいました。そのため、いち主婦だった溝井さんの暮らしも一変したのです。

毎日、世の中の価値観の移り変わりや、戦中や戦後の体験、暮らしのなかの発見など、思いついたことをありのままにつぶやいているのですが、その語り口が穏やかで癒やされるというので、フォロワーの数が次第に増えていったのでした。

しかし、溝井さん自身は、新しいことに挑戦する気負いなどまるでなかったようです。好奇心が強くて、始めるのに抵抗もなかったとか。

そして、これまでツイッターに縁のない人には、「**最初は読むだけでいい。興味が湧いたらつぶやいてみればいいのよ**」と一言。どういうことを発信していいかわからないという人には、家庭の話ならできるのだから、この野菜はこういう食べ方があるとか、そんなことでもいいと話します。

なにげない言葉を届けると、読んだ人から感想が届いたり、世代の違う人の考えていることを知ったり、社会の気分が伝わってきたり……。「世界が広がる気がする」という溝井さんの話にもうなずけますね。

ITをうまく取り入れて生活を楽しむ人たちは、ますます増え続けるはず。

「楽しいことには、乗っかってしまえばいい。私は八〇代になった今が一番忙しくて、やりがいを感じています。やりたいことがあるのは、本当に幸せなことです」

弾むような溝井さんの言葉は、シニア世代への何よりの励ましになるでしょう。

新しいもの、見知らぬものを受け入れることを恐れないという、溝井さんの人生観はツイッターのつぶやきにもにじみ出て、たくさんの人に勇気を与えています。

「そもそも、人のことはどうでもよいもの。自分のことを考えればよいのです。自分が見えない人が他人のことを四の五の言う」

「時間がたっても成熟しない人はしないのです。むしろ退化する人も。若くても成熟する人も」

など、溝井さんが強いメッセージを送り続ける背景には、幸せか、不幸せかは自分次第という考えがあるそうです。

人や風潮に左右されない生き方が求められる百歳時代だからこそ、溝井さんに習うことは多いのではないでしょうか。

「理想の老後」に縛られていませんか？

「外へ行くのが嫌いなので、散歩もしません。特別な健康法も何もおこなっていません」

キッパリとこう言い切るのは、二〇一六年に出した『九十歳。何がめでたい』が一〇〇万部を超えるベストセラーとなった佐藤愛子《さとうあいこ》さんです。

もともと切れ味鋭い論評で有名だった佐藤さんですが、ご自身のベストセラーに対しては、今の人は率直でなくなっているから、自分のように言いたい放題の人間を珍しく感じたのでしょうと、いたってそっけない反応でした。

「老後の生き方はとか、七〇代の幸福とはとか聞かれるけれど、人の幸福なんてわかるわけがないんです」

もともと、離婚した夫の借金返済のために腹立ちまぎれに書いた小説『戦いすんで日が暮れて』で直木賞を受賞した佐藤さんは、それ以来、感情の機微を描いた小説とユーモアあふれるエッセイの二本立てで多くのファンを引きつけてきました。

九〇歳を超えてもその聡明さは変わらず、凛《りん》とした生き方を貫く佐藤さんは、今やミドルエイジの憧れの存在。特に知的でスマートなライフスタイルをめざすセブンティーズにとっては、学ぶべきことも多い素敵な先輩です。

そんな佐藤愛子さんとは一歳違いの瀬戸内寂聴《せとうちじゃくちょう》さんは、『九十歳。何がめでたい』を読んで「もう何度もゲラゲラ笑いました」と感嘆。そこには苦しい時代を生き抜いてきた人だけが知る、悲しみや可笑《おか》しさがあったのでしょうか。お互いに九〇歳を超えた同世代だからこそわかりあえる深い思いがしのばれます。

佐藤さんが寂聴さんと対談をしたときに、寂聴さんが「書いている最中にパタっと死にたい」と話したのに共感していたのは、とても印象的でした。

「『可愛い老人』になるよりも、私は一人毅然と孤独に耐えて立つ老人になりた

い」というのが、著書『こんな老い方もある』のキャッチフレーズですが、この一言が佐藤さんの誇り高い生き方を象徴しているようです。

人は孤独で寂しいのが当たり前

佐藤愛子さんと並んでミドルエイジの熱列な支援を受けているのが瀬戸内寂聴さん。一九七三年には出家して、作家と僧侶の二足のわらじを履いてきた寂聴さんですが、その七〇代はまさに脂の乗り切った円熟期でした。

一九九二年には『花に問え』で谷崎潤一郎賞を受賞。一九九六年には小説『白道』で芸術選奨文部大臣賞を、二〇〇一年には『場所』で野間文芸賞を受賞するなど、七〇代はその創作ボルテージが頂点まで上りつめたような時期でした。

もちろん稀有な才能をもつ寂聴さんですから、私たちと同列には考えられませんが、それでも七〇代でこれだけの才能を発揮できることには、大いに励まされる思いがします。

今でも高齢者のバイブルとして高い評価を受けている『孤独を生ききる』は、寂聴さんが六九歳のときに書かれたものですから、これから同じ道を歩こうとする私たちにもぴったりの内容でしょう。

生と死、愛と憎しみ、知と孤独など、人間の抱える問題をさまざまな角度から解き明かしていくその説法は、何度読んでも心に響くものがあります。

「自分はこんなに寂しいんだから、あの人もきっと人恋しいんだろうと思いやったときに、相手に対して同情と共感が生まれ、理解が成り立ち、愛が生まれるのです。愛とは思いやる心です」

この言葉には、自分も孤独の日々を過ごしてきた寂聴さんの体験がしみ込んでいるようで、ひしひしとその思いが伝わってきます。

また、「私は多く傷つき、多く苦しんだ人が好きです。挫折感の深い人はその分、愛の深い人になります」という言葉には、仏に仕える者の優しいまなざしと慈悲の心が感じられて、思わず目の奥が熱くなってしまうのです。

ただ、このように円熟した表現だけで終わらないのが、寂聴さんのすごいところ。なんと二〇一八年四月には、瀬戸内寂聴の公式インスタグラム「@jakucho_setouchi」を開設。日常の修業や食事風景、リハビリの様子、親しい人たちとの団らんなど、なかなか見ることのできない写真を公開して、一〇万人以上のフォロワーを喜ばせています。

なかにはお遊びで犬のマスクをかぶって、おどける様子などもあって、お茶目な寂聴さんの一面も身近に感じられます。時には、知性とユーモアがほどよくマッチした寂聴さんの生き方を真似てみるのもいいかもしれません。

年齢とは生きている年月ではなく、自分の心が決めるもの

知的好奇心を眠らせないことが、上手に七〇代を生きる秘訣のようですが、何

をすればいいのか迷ってしまう人も多いでしょう。

基本的には「自分がやりたいと思うこと」「興味をもって取り組めること」を選ぶのが一番ですから、感覚的に「これだ」と思ったものに挑戦すればいいのです。

ただ、**外国語を学ぶと知能が高くなったり、マルチタスクの能力が強化されたり、脳の潜在能力を高める効果もある**ため、脳トレにも適しています。

語学をビジネススキルとして活躍する職業の代表といえば「通訳」ですが、七五歳で年間二〇〇件もの業務を請け負うトップ通訳者・長井《ながい》鞠子《まりこ》さんの仕事ぶりは、私たちのやる気を大いに刺激してくれます。

長井さんが担当するジャンルは政治・経済、文化・芸能、スポーツと多岐にわたり、国家元首や大臣、国連事務総長など、各国の要人や著名人の記者会見通訳も多数手がけています。

一九六七年に日本初の同時通訳となって以来、第一線で活躍してきた長井さんですが、先駆者としてキャリアを積むのは並大抵ではなかったでしょう。

通訳は見かけよりずっと気力も体力も必要な仕事だそうで、会場から会場へと駆け足で移動しなければならない国際会議では、同時通訳のブースへ駆け込んだとたん、言葉が出ないほど息切れしてしまったこともあるといいます。

しかし、「自分自身で老いたなと決めつけてしまうことが本当の老いの始まりだと思うんです」というのが、ご自身の人生哲学です。

そんな長井さんの趣味は、今でも年に四回は演奏会に参加するというヴィオラの演奏で、コンサートで味わう高揚感がストレス解消に役立っているのだとか。

自分の後に続く人に対しては、「年齢を理由に諦めるのではなくて、いつまでも『あれも、これも』と我がままに活動してほしいですね」とアドバイス。長井さんを見ていると、知性が若さを支えるカギだということが、よくわかります。

麻雀で脳トレしながらコミュニケーション

少し前まで、麻雀《マージャン》といえば男性が楽しむギャンブルのイメージがあって、女性や高齢者には無縁だと思われていましたが、今やそれも様変わりしています。シニアのための健康麻雀教室は受講待ちが出るほどの人気で、女性を中心に新しい趣味として注目を集めているといいます。これまでは、なんとなくタバコ臭くて不健康というイメージで近寄りにくかった雀荘も、最近ではぐっと明るくグレードアップしています。

女性専用麻雀教室を開催している東京の麻雀クラブ「柳《やなぎ》」でも、最近は中高年の麻雀ビギナーが急増しているそうです。

「柳」の代表取締役、柳田誓也《やなぎだせいや》さんによれば、七〇歳、八〇歳で麻雀に初挑戦という人も少なくないそうです。そして、一度始めると、それからはやめずに続ける人が多いとか。

ゲームをすると頭を使ったり、ハラハラしたり、ふだんの生活では得られない経験ができるので、それに引きつけられる人が多いのでしょう。

柳田さんがもうひとつ挙げた麻雀人気の秘密は、認知症予防効果です。ゲームで脳トレをしながら他の人とのコミュニケーションを図れるところが、脳活に最適だということ。

しかも、**素早く牌《パイ》を積んだり並べたりする動作が手と脳を刺激して、反応力や俊敏性を高める**というのですから、いいことだらけです。


柳田さんは、「麻雀は笑顔で打つもの」を信条にしていて、「負けて怒ったり、他の人を批判したりするのはマナー違反。皆が気持ちよく楽しむには、コミュニケーションをよくすることも大事です」と、メンタルな部分のフォローも忘れないようにしているそうです。

麻雀を楽しむことで生活に変化がついたり、新しい友人ができたり、時間をもて余している人にはぴったりですが、時には熱中しすぎて、店長から注意される人もいるようです。

「趣味として楽しむのはいいのですが、一日中クラブに入りびたりというのも困りますから、その辺は自覚を促しています」という柳田さん。

また、最近は家庭用の全自動麻雀卓も売上が好調で、**六万円代の機種をグループで購入して、仲間で楽しむ**お宅も増えているといいますから、麻雀ファンの裾野も少しずつ広がっているのかもしれません。

さらに、麻雀人気に拍車をかけたのが、コンピュータのマージャンゲームだったようです。

自宅で練習をしたり、別の場所にいる友人と同時に卓を囲むこともできるこのゲームなら、いつでも気軽にプレイできます。頭を使いながら友人とのコミュニケーションもできる麻雀は、七〇代にお勧めのゲームといえるでしょう。

ＡＩに聞いてみた「健康寿命を延ばすヒント」

二〇一八年秋、ＮＨＫが開発したＡＩに「日本が直面する社会問題の解決策を尋ねてみる」という内容の番組が放送され、大きな反響を呼んだのをご存じでしょうか。

そのなかでも特に多くの関心を集めたのが、「**健康寿命を伸ばす生活習慣をＡＩに分析させる**」という企画でした。

番組では「ＪＡＧＥＳ」（日本老年学的評価研究機構）の協力で、二〇〇三年から三年ごとに六五歳以上の高齢者に生活習慣や行動に関するアンケート調査を実施。そのうち、六〇〇問以上の質問に答えた延べ四一万人のデータが分析され、番組で公開されました。

アンケートには、「タバコを吸いますか？」「定期的にジョギングをしますか？」

といった通常の質問以外にも、「一八歳より前に親の愛を感じていましたか？」「煮物を作ることがありますか？」など、ちょっとユニークな質問もあり、AIならではの視点が垣間見《かいまみ》えました。

番組の最大の関心事は、さまざまな健康要素のなかで「最重要項目」を探すことにあったのですが、分析から導き出された結果は、番組スタッフはもちろんJAGESの専門家も予期しなかった「意外なもの」でした。

なんと、健康的な生活習慣とは無関係に見える「**本や雑誌をよく読む**」という項目が、二位以下を引き離して合計一一九もの健康要素とつながっていたのです。

しかも不健康要素とはまったくつながっていないということも判明。

つまり、この分析結果からは、健康でいるためには「本や雑誌をよく読むことが有効だ」という仮説が成り立ったのです。

そこで、この仮説を立証できるようなデータを探していたところ、見つかったのが健康寿命と読書の不思議な関係でした。

平均寿命が長い県としては、長野や沖縄などが有名ですが、健康寿命の都道府県別ランキングで見ると、総合一位は山梨県（男性一位、女性三位）。

そしてAIが出した仮説を裏付けるため、さらに調べてみると、**山梨県は人口一〇〇万人あたりの図書館数が、全国と比べて断然多い**ということがわかったのです。

しかも、アメリカのイェール大学が五〇歳以上の男女三六〇〇人について調べた「読書と健康」についての論文があることも判明して、この仮説の信憑性《しんぴょうせい》もだんだん高くなってきました。

もちろん検証はまだ始まったばかりで、結論は出ていませんが、「本や雑誌をよく読む」という健康要素が最重要項目であったことは、四一万人のデータから確認されたことですから間違いありません。

体力の衰える七〇代も、読書で健康を補えるなら、なんと嬉しいことでしょう。

「くつろぎながら好きな本を読んで、知的好奇心を満たす」

こんな生活スタイルが、ヘルシーライフの一ページになる日も近いのかもしれません。

「テレビのつけっぱなし」で認知症のリスクが高くなる

二〇一七年の全国視聴率調査では、世代が進むにつれてテレビの視聴時間は伸びる傾向にあり、一日あたりの視聴時間は二〇代男性が一時間四四分、二〇代女性が二時間二三分なのに対して、五〇代では男性で三時間三九分、女性では四時間一六分と増えていきます。

それが**七〇代になると男性が六時間、女性が五時間三一分**とさらに増え、一日のうち相当な時間をテレビに費やしていることになります。

しかし、六時間も真剣にテレビを見ているとは考えにくいため、話を聞いてみると、「テレビをつけてぼんやり眺めている」とか、「テレビをつけたまま家事をしている」など、実際には集中して見ているわけではなく、「つけっぱなしにして、時々画面を見ている」というのが実態のようです。

しかし、**テレビをつけっぱなしにしている状態では、一方的に情報が垂れ流されているだけで、受け手の能動的なリアクションはありません。**

ところが、本人は「世の中の動きや出来事などを知ることができる」「世間の動きに遅れないで済む」などと、テレビが自分の生活に役立つ存在だと思っているケースがほとんどなのです。

もちろん、テレビ番組のなかには役立つ情報や感銘を受けるものがたくさんありますが、ただボーッと眺めているだけでは、しっかりとキャッチできないでしょう。

せめて、きちんと見ないときはテレビの電源は切っておいて、見たい番組があるときだけしっかり視聴するようにすれば、もっと集中してテレビと向き合えますし、電気代も節約できるというものです。

ただ、最近はテレビが高齢者にもたらす健康リスクも問題視されています。

小さいころ、親に「テレビばかり見ていると、頭が悪くなるよ！」と叱られた経験がある人もいるでしょうが、その意見もあながち間違いではなく、テレビが脳に与える悪影響は少なくないのです。

次々と画面が切り替わるテレビの映像は認識能力の低下を招き、認知症発症のリスクを高めることが、アメリカでも報告されています。

脳が情報を受け取るだけで受け身になってしまうと、やがて積極的に考えることをしなくなり、それが認知症などの原因になることもあるのです。

しかし、ただ受動的に情報を受けるのではなく、むしろ積極的に情報を活用できれば、テレビは非常に有効な媒体になります。

たとえば、放送大学の講義を学生気分で受講したり、定期的に放映されるオペラやクラシックの公演を鑑賞したり、世界の美しい風景や動物の生態に触れたり、知的好奇心を刺激するものをたくさん見ることによって、かえって脳は活性化できるでしょう。あるいは、毎朝テレビで気功のレッスンを見て、健康に磨きをかけるという賢い方法もあります。

また、楽しかった思い出を頭に描くことは脳の若返りに役立ちますから、昭和の愛唱歌を特集した歌番組などを見て、一緒に口ずさむのもいいでしょう。

もし、誰も気にする人がいなければ、一緒に大声で歌えばいいのです。そうすれば、ストレス解消や脳の活性化にも効果的。往年のヒットソングを歌うと、「若いころのときめきが甦って、心のハリまで取り戻せる」という歌好きも大勢います。

あるいは、テレビはしばらくお休みして、ラジオに耳を傾けてみるのもいいものです。特に**「スポーツの中継」を聴くことは、脳の活性化に効果大**ですから、ぜひ試してみてください。

実況のナレーションから選手の闘志に満ちた表情や緊張した場面を思い浮かべるのに、脳はフル回転で動かなければなりませんから、これは最高の脳活になるのです。

とにかく、いけないのはテレビに依存してダラダラと見続けること。見たい番組をしっかりチェックして、番組を予約して見るようにすれば、集中力が増して、心の感度も高まるでしょう。

ウィンドウ・ショッピングも立派な娯楽になる

散歩が心身にいいとわかっていても、天気の悪い日は出かける気持ちもしぼみがち。だからといって一日中家にいるのが退屈なときには、フラッと大型ショッピングセンターに出かけてみてはどうでしょうか。

何がいいといって、大型ショッピングセンターなら時間も気候も気にせず、のんびり時間を過ごせます。

また、最近はサーキットモールという、導線を楕円《だえん》形に配置した商業施設も増えていて、自然に歩くだけでぐるりと館内を一周できます。

ショッピングエリアには、あちこちに配置された休憩用のベンチや椅子、気軽に立ち寄れるフードコートや屋上のオープンスペースなど、あらゆる設備がそろっているのですから、**その気になれば朝から晩までショッピングセンターで過ご**

すこともできるでしょう。

そして、一番のお勧めは、とことんウィンドウ・ショッピングを楽しむことではないでしょうか。季節感を盛り込んでレイアウトされた店内装飾や綺麗にコーディネートされたウィンドウ・ディスプレイ。見るだけで楽しくなるようなファッションエリアを歩けば、たとえ何も買わなくても、贅沢な気分を味わえるものです。

なぜなら、ショッピングエリアは、企業が最新のテクニックを駆使して作り上げた疑似パラダイスであり、来る人の心を刺激する魅惑的な仕掛けがいたるところにあるからです。

洒落たお店で美しいものを見たり、センスのいいものに触れたり、可愛いグッズに和んだりすることで**五感が刺激されて、知らず知らずのうちに感性も豊かになる**のですから、これを利用しないのはもったいないことです。

もちろん、日々移り変わる商品を見て「こんな新製品が出たのか」「今年はこれが流行するのかな」「なるほど、今年のトレンドは青なのか」などと考えるだけでも脳が活性化し、感受性も磨かれますから一石何鳥もの価値があります。

また、こうしてウィンドウ・ショッピングで目を肥やしておけば、いざ欲しいものがあったときに冷静な判断ができ、衝動買いも防げます。

さらに、人が集まる場所に行くということで、**誰に会っても恥ずかしくない格好をする**というのも大事なポイントです。

外出する機会が減ると、ついお洒落にも無関心になりがちですが、心の若さを保つのに、きちんと身支度をするのはとても大事なことです。

作家の林真理子《はやしまりこ》さんは、著書『中年心得帳』のなかで「小説でも、貧しい疲れきった中年女を描くには、みすぼらしい靴を書いていく」と書いていますが、七〇代でみっともない格好をするのは、なんとしても避けたいものです。

どこに行っても大きなガラスで自分の姿が映し出されるショッピングセンターは、自分のお洒落心が怠けていないか、それをチェックできる場でもあるのです。

学生生活をもう一度思いきり満喫する

学生時代は勉強が苦手だったという人でも、年齢を経て落ち着いた環境に身を置くと、「若いころにもっと勉強しておけばよかった」「今なら熱心に勉強できたのに」と、後悔に似た思いを抱くことがあるでしょう。

なかには、家庭の事情や準備不足で進学できず、大学に心を残したままの人もいるかもしれません。

もし、今でも「もう一度、学びたい」という思いがあるなら、時間に余裕ができた今が絶好のチャンスです。試験のためでも就職のためでもなく、純粋に学びたい気持ちがあるのなら、希望する学校の入試にチャレンジしてみましょう。

最近の大学は門戸を広く開いて、高齢者でも積極的に受け入れてくれるところが増えていますから、やる気さえあれば受験はそれほど難しくありません。

まして「大学は卒業しているけれど、もう一度勉強したい」という人にとっては、入試のハードルもいっそう低くなるかもしれません。

入試については昔とシステムが変わっていて、七〇代を含めたミドルエイジなら、「AO入試」がお勧めです。

AO入試とは「admissions office（アドミッションオフィス）」の略で、小論文や面接などを通じて、その人の勉学意欲や学校への適性などを総合的に判断する入試方法です。一般入試のような筆記試験はないので、勉強からしばらく遠ざかっていた人にもハンディはないでしょう。

無事に合格すれば、**毎日学校に通って授業を受ける通学制と、テキストやインターネットを使って学ぶ通信制**の二種類の学習スタイルがあるので、自分に合ったほうを選びます。

学生気分でキャンパスライフを満喫したいのなら、通学制をチョイスすればいいのですが、「腰痛がひどくて通うのはちょっと」とか、「経済的負担が大きい」

とか、事情のある人は、通信制大学がいいかもしれません。

はじめのうちはがんばって通学していたけれど、だんだん体力が衰えてきたり、体を壊したりして、大学を去る高齢者も少なくありませんから、コース選びは慎重にしましょう。

自宅でマイペースに学びたいなら、通信制大学が安心です。今では授業もテキストもほぼ完全にデジタル化しているので、かさばる書類や文献などをもたなくても学習できます。

現在すべての大学で通信制をおこなっているわけではありませんが、全国で四三の通信制大学（二〇一六年現在。短大、大学院を除く）があります。このなかに公立の大学はなく、放送大学を除いてすべて私立です。

最大の特徴は、通学することなく、郵便やインターネットといった通信手段によって履修する点で、法的には通学制の大学となんら変わりはありません。

また、大学によっては市民講座を設けているところもあります。これは、広く一般の人が大学で受けられる授業で、数時間のものから何日間かかけて通うものなど多様です。入学までは考えていないけれど、ちょっと大学で学んでみたいという人にはぴったりでしょう。

たとえば、東京農業大学では、「家庭でできるプロのフルーツ加工」「人もペットも気をつけたい有毒な園芸植物」といった身近な講座から、「菌活の科学!〜麹・甘酒・発酵食への懸け橋【菌・酵素サイエンス】」といった専門的な内容まで、バリエーション豊かな講座が開かれています。

また、大阪医科薬科大学では、「話題てんこ盛りの放射線治療」「よくある腰痛?─怖い腰痛の話─」「うつ病に使用されるお薬について」といった、気になる病気や治療をテーマにした話を専門家から聞くことができます。

市民講座なら、いろいろな大学を気軽にはしごできるのも魅力です。

若いころは、学歴のため、また卒業後の進路のために大学を選んだ人もいるでしょう。しかし、シニアの場合は本当に学びたいものを学ぶために大学(授業)をチョイスするわけですから、ある意味、若い学生よりも純粋かもしれません。

どんなに年をとっても、知識を得ることは喜びと豊かさにつながります。「もう年だから」とあきらめず、好奇心のアンテナを張り巡らせましょう。

公民館で、新しいカルチャーライフにはまろう

すぐ近くにあるのに、意外と知らないのが地域の公民館です。地域の公共施設ということはわかっていても、何ができるのか、どんな使い方ができるのかについてはあまり知らない人が多いようです。

しかし、一見地味な印象の公民館も、実はかなり使えるパブリックスペースなのです。最近は「コミュニティーセンター」や「コミセン」などという呼び方で、親しみやすさをアピールしている公民館も増えてきましたが、その使い勝手は上々。むしろ使わないともったいないくらいです。

公民館は地域住民の文化的活動を支援するために建てられたものですが、その

性質はコミュニティーそのもの。多くのサークルや勉強会が活動していて、特に地元の五〇～七〇代にはとても人気があります。

営利目的の講座はないので**受講料は格安**ですが、公民館で開かれる教室のバラエティは実に豊かです。

例を挙げるのなら、書道、デジカメ、料理、パソコン、体操、社交ダンス、俳句、卓球、赤ちゃん体操、油絵、絵手紙教室など、子どもから高齢者まで誰でも興味をもてそうな教室がズラリとそろっています。

定年後カルチャースクールに通う人も多いのですが、月謝も意外に高いですから、公民館で受講するほうが断然経済的です。

しかも、公民館では個人がサークルを立ち上げたいと思ったときも相談に乗ってくれて、教室の主催者になることもあるのです。

七〇代、八〇代の先生が着物の着付けや三味線を教える教室は、アットホームで実に和やか。キリリと和服を着こなしたシニアのイキイキした表情を見ると、公民館はヘルシーな生き方を学ぶホームグラウンドにも思えてきます。

現役時代に味わえなかった「社会貢献」という楽しみ

人は皆、「誰かの役に立ちたい」「必要とされたい」と思うもの。そして、「誰かの役に立っている」という思いが人生を輝かせます。

そのため、現役時代は、仕事を通して家族や社会を支え、引退後はボランティア活動で社会貢献する人が増えているのでしょう。

とはいえ、ボランティア未経験の人にとって、いったいどこに行って何をすればいいのかわからないのは当然です。

そんな人のために、多くの地域でボランティア募集の窓口を開設しています。とりあえず、そこに行けば、どんなボランティアがあるのか、自分には何が向いているかがわかるでしょう。

また、**ボランティア養成講座を定期的に開催している地域も多い**ので、こちらに参加するのも一つの方法です。

プラントエンジニアだった男性Hさんは、「定年後も経験を活かして社会に貢献したい」と考えていました。とはいえ、彼の住む地域ではHさんの専門的な技術を活かすようなボランティアが見当たりません。

そこでボランティア養成講座に参加すると、**「日本語教師」というボランティアを見つけたのです。**

Hさんはさまざまな製造業の現場に足を運んで仕事をしていましたが、痛感していたのが外国人労働者の増加でした。言葉の壁と闘いながら懸命に働く姿を間近に見ていたので、「今後ますます増える外国人が、職場でもっと活躍できるよう、その力になりたい」と考えました。

また、「外国語は一切使いません。日本語だけのボランティア」というのも、一歩踏み出す大きなきっかけになりました。

日本語教師ボランティアを始めて改めて感じたのは、単に言葉を教えるだけではなく、日本の風習や文化、礼儀なども伝えなくてはいけないこと。さらに、生徒さんからも同じように言葉や文化、風習についても教えてもらえることでした。

「まさか、この年になって、ネパールやベトナム、カンボジアの人と親しくなるとは思いませんでしたよ。その人の国の言葉や料理なんかも教えてもらってね。本当にボランティアを始めてよかったです」

と笑顔で語るHさんは、現役時代よりも忙しいとか。

ボランティアは単なる奉仕活動ではなく、新たな人生のステージを見せてくれるきっかけになるかもしれません。

人には必ず自分を活かせる場所がある

ボランティアというと「活動的な人がやるもの」というイメージがありますが、

そうとはかぎりません。

たとえば、専業主婦のTさんの例を紹介しましょう。

Tさんは内向的な性格で、趣味は家事と読書。夫と二人、大好きな本に囲まれて静かに老後を過ごしていましたが、ご主人が急死して人生設計が大きく狂ってしまったのです。

呆然として、なかなか立ち直れないTさんを心配して、娘さんはボランティアを勧めました。しかし、人と関わるのが苦手で、足腰も弱っています。さらに、これといった特技もありません。

「私にできるボランティアなんてないわ」とあきらめかけていたとき、娘さんが「これはお母さんにぴったりじゃない」というボランティアを探してきました。

それは「**音訳ボランティア**」でした。

音訳とは、新聞や本、雑誌などさまざまな文章を読んで録音する作業です。視覚障害のある人にとって、音訳されたものは重要な情報源。視覚障害には点字というイメージがありますが、点字化されないもののほうが圧倒的に多く、また、すべての視覚障害者が点字を読めるわけではありません。

Tさんは読書が趣味で、娘さんが中学校に上がるまで、ずっと絵本の読み聞かせをしていました。自分では特技だとは思っていませんでしたが、音訳ボランティアにはぴったりの特技だったというわけです。

現在、Tさんは意欲的に音訳ボランティアに取り組んでいます。そして、不思議なことに、ボランティアを始めるようになってから、人付き合いが苦手でなくなり、それにともない外出も増え、以前より足腰が丈夫になったというのですから、何が幸いするかわかりません。

自分ではわからなくても、人は何かしらの特技をもっているものです。ボランティアには多様なニーズがありますから、まずは、どんなものがあるか探すところから始めてみましょう。自分の新たな一面を発見できるかもしれません。

自分の思いに忠実に生きる「ソロの暮らし」

高齢者だけの「単独世帯」はここ二〇年間で増え続け、二〇一七年の調査結果では、なんと二六・四％という結果に。つまり、**四世帯に一世帯以上が「高齢者が一人だけの世帯」となり、高齢者の四人に一人はひとり暮らし**になるわけです。

夫婦そろって百歳人生を共にするのが理想ですが、実際には女性がひとりで生きていくケースがほとんどです。

現実問題として、女性がひとりで暮らしても、日常生活でそれほどの不都合はないでしょうが、もし家事ひとつしたことのない男性が配偶者を失ったら、パニックになるのは必至です。そのため、男性には六〇歳代で、ひとり暮らしに必要な最低限のスキルは身につけておくことをお勧めします。

また、七〇歳になったら下り坂になる体力の補強に力を入れることもお忘れなく。

シニアのひとり暮らしが惨めに見えたのは、もう昔のこと。今では自立してイキイキと暮らしている七〇代が大勢います。

ですから、「高齢者のひとり暮らし」などという無粋な呼び方はやめにして、「ソロ生活」「ソロで生きる人」と言い換えてみてはどうでしょうか。

そうすれば、「今度の旅行はソロで行こうと思うの」「ソロでカラオケに行って、二時間も歌いまくったよ」などという発言もライト感覚に聞こえて、少しも寂しげには思わないのではないでしょうか。

ひとりで颯爽《さっそう》と生きてきた人は、昔からたくさんいますが、鮮烈な色彩と精巧な描写で今も多くのファンをもつ画家・伊藤若冲《いとうじゃくちゅう》もそのひとり。

絵に魅せられ、画家としての道を一心に貫いた若冲は、生涯独身のソロ人生を歩みましたが、その生き方には一片の迷いもありませんでした。

要は、「ひとりだから寂しい」「ひとりだから惨め」などというのは単なる概念で、自分自身に楽しむ気持ちがあれば、ソロの暮らしは心豊かなものになるということでしょう。

なかには自ら望んでひとり暮らしをする人もいるのですから、人の考え方はさまざまです。

すでに八〇歳を超えたジャーナリストの矢崎泰久《やざきやすひさ》さんは、自ら希望して家族との同居を解消。都内でひとり暮らしをしています。

矢崎泰久さんといえば、一九六五年に創刊して世間に旋風を巻き起こした雑誌「話の特集」の編集長を三〇年間も務めた伝説のジャーナリスト。

その矢崎泰久さんにひとり暮らしに踏み切った理由を聞くと、「自分の老いと向き合うため。残り少ない人生を、納得できるものにするためです」と明快ですが、そのきっかけは六〇年の付き合いだった永六輔《えいろくすけ》さんの死だったといいます。

素晴らしい老いを求める友を失った矢崎さんは、「もっと自分の老いを追求し、美しく老いる術《すべ》を見つけたい」と、自宅を出てソロ生活をスタート。

「人に頼らず生きることが信条」というだけに、身の回りのことから大工仕事まで、涼しい顔ですべてをこなす姿はまさに「格好いい」の一言です。

この「カッコよさ」は、矢崎さんの特徴のなかでも特筆すべきもので、小粋にストールを巻き、斜めに帽子を被ったその姿は、実にファッショナブルです。

矢崎さんはみすぼらしい老人が大嫌いと言い切ります。哀れな感じがするので、そんな老人を見ると、自分自身は思いきりシャキッとするとか。人を見て我が身を振り返り、自分を鼓舞すると話しています。

靴の先まで神経の行き届いた装いで、シャンと背を伸ばした矢崎さんにこう言われたら、異論があるわけがありません。

老いは老いとして自覚しなくてはならないものです。しかし、**「老いに胡坐《あぐら》をかいてはならない」**と自戒する矢崎さん。

ストイックなまでに自分を律しながら、ファッション誌から抜け出たようなお洒落を楽しむ。こんな見事な姿こそお手本にしたいものですね。

スマホを使いこなすと、人生がさらに豊かになる

今でもガラケーを手放さず、そのまま使い続けている高齢者を見かけますが、これだけスマートフォンが普及しているのですから、食わず嫌いではなく、挑戦してみてはどうでしょうか。

ガラケーにもインターネット接続の機能はありましたが、スマホのそれと比べると天地ほどの開きがあります。スマホはある意味、持ち歩けるパソコンのようなもの。足腰が弱って外出が少なくならざるを得ないシニアにとって、上手に活用すれば大きなメリットがあるのです。

たとえば、ものの価格。スマホで検索すれば、ほとんどのものが、どこでいくらで売買されているのかがすぐにわかります。

「これは安そうだな」と思って買ったものが、別の店ではもっと安くて悔しい思

いをすることがあった人も、スマホを使いこなせば、一〇〇%ではないにしろ、こうした事態を避けられるでしょう。

また、買い物は手に入れることだけが目的ではなく、それを手に入れるまでのプロセスが楽しいという人もいます。とはいえ、毎日街に出かけていたのでは、体力的にも金銭的にも大変です。

しかし、**インターネットの世界なら、こたつに入りながらでも、思う存分、ウインドウ・ショッピングが楽しめる**のです。

たとえば、「取り寄せグルメ」と検索すれば、日本全国津々浦々、そこでしか手に入らないといわれるものまで、スマホの操作ひとつで購入可能です。極端な話、遠い外国の製品でも、インターネットなら簡単に購入できます。

もちろん、便利さの裏側に潜む罠《わな》もあります。でも、その罠を恐れて、「スマホなんて危ないからもたない」という後ろ向きな気持ちではなく、「危ないこともあるからしっかり勉強して便利に使おう」という前向きさが、長い人生を退屈せずに過ごすコツです。

また、スマホのアプリ機能を活用すれば、食生活の栄養やカロリー管理、万歩計機能、脳トレーニングなども簡単にできます。

最近は、市役所などの公的機関でも「賢いスマホの使い方」といった講座を開催しているのをよく目にします。興味のある人は、講座に参加してからスマホにチャレンジするのもいいかもしれません。

勉強するほど不用品がお金を生み出す

Rさんは今、断捨離に夢中です。それも、小遣い稼ぎをしながらの断捨離なのです。

一年前、Rさんは娘さんからスマホをプレゼントされました。はじめは使い方がわからず通話だけに使用していたのですが、娘さんの使い方を真似するうちに俄然《がぜん》、楽しくなってしまったのです。

娘さんがよく利用していたのは、ネット上でフリーマーケットが開けるアプリ「メルカリ」でした。それは、自分の売りたいものをスマホのカメラ機能を使って撮影。商品の説明を打ち込み、価格を自分で決めて出品する、インターネット上の売買です。

商品の説明といっても簡単なもので、中古なのか新品なのか、傷や汚れがあるか、ブランド品であればブランド名などを記入するだけです。

娘さんは、数回着たけれど気に入らなかった洋服、飽きてしまったアクセサリーやバッグなどを、このフリーマーケットアプリでどんどん売っていたのです。

一昔前なら、リサイクルショップに持ち込む人が圧倒的でしたが、**インターネット上では比べ物にならないほどの消費者がその情報を目にするので、売れる確率がぐんと高くなる**そうです。

ためしに、Rさんは、結婚式の引き出物にもらったけれど、箱に入ったまま押し入れで眠っていた電気毛布を、娘さんに手伝ってもらって出品しました。すると、出品してわずか一時間、三〇〇〇円で売れました。何もしなければ、押し入れを占領するだけの不用品がお金に変わったというわけです。

また、フリーマーケットアプリの良いところは、自分が売るだけでなく、買い物もできること。フリマでは、いいものが安く買えますが、不定期開催ですし、実際に足を運ばなければ何が買えるかわかりません。

しかし、フリマアプリの検索機能を利用すれば、自分の欲しいものをピンポイントで、それも市販よりも安い価格で購入できます。

もちろん、お金が絡むやりとりですから、傷があるのにないといって売れば問題になりますし、自分で梱包して発送しなくてはなりません。また、届いたものが写真と違った、などというトラブルもないわけではありません。

そうしたことも、時間がたっぷりあるシニアにとっては一つひとつ時間をかけて勉強できるでしょう。

いいものを安く買えたときの嬉しさ、不用品を誰かが買ってくれたときの喜び、

これは、脳を若々しく保つには非常に有効です。

すぐに売り手や買い手にならなくても、見ているだけでも十分に楽しめますので、スマートシニアの第一歩として、スマホをもっている人にはお勧めです。

「キャンドル瞑想」で、老後のイライラを消化する

ここ数年、瞑想《めいそう》が注目を集めています。ビル・ゲイツやスティーブ・ジョブズといったビジネス界のトップリーダーたちが瞑想の素晴らしさに気づき実践してきたことから、アメリカでも「**マインドフルネス**」という呼び方で、新たな瞑想ブームが巻き起こっています。

瞑想は心を落ち着け、イライラ解消になることは昔から知られていますが、最近では、集中力を高め、脳を活性化し、さらに、さまざまな病気に対しても効果をもたらすことがわかってきました。

瞑想の効果を簡単に説明しましょう。

たとえば、家事や仕事をしていると、使ったものがあちこちに置かれたり、ゴミが溜まったりして周囲がごちゃごちゃしてきます。そのままの状態で仕事をしていると物事が滞りがちになりますが、いったんすべてをきれいに片づけると、気持ちがすっきりしますね。

実は人間の頭のなかでも、似たようなことが起きているのです。

私たちは日々いろんなことを考えて生きています。すると、知らず知らずのうちに余計なものが頭のなかに残って、なんとなく、もやがかかったようなうっとうしい気分になります。それをきれいにするのが瞑想と考えてもらえると、わかりやすいのではないでしょうか。

人は年をとると、どうしてもいろんなことに不自由さを感じるようになります。それは自然なことなのですが、簡単に受け入れられず、ストレスを抱えてしまいがちです。だからこそ、**高齢者にこそ瞑想を生活のなかに取り入れてほしい**のです。

瞑想にはいろいろな方法がありますが、ここでは、誰もが簡単にできる「キャンドル瞑想」を紹介します。

私が高野山大学で学んだ真言密教には、「阿」という梵字《ぼんじ》をじーっと見つめることで心を無にする「阿字観瞑想」という修行があります。それを、キャンドルの炎に置き換えて、揺れる炎をじーっと見つめるのが、キャンドル瞑想法です。瞑想で最も難しいと思われているのが「心を空っぽにすること」ですが、**キャンドルの炎をじーっと見つめていると、無理なく、余計なことが頭から消えていくの**です。たぶん、キャンドルの炎がかすかに揺れているのがいいのかもしれません。

具体的なやり方は、テーブルと椅子を準備し、皿の上にロウを垂らしてろうそくが倒れないように固定します。そして、椅子にゆったりと腰かけて、じっと揺れる炎を見つめるだけです。

目をしっかり開けていてもいいですし、半眼の状態で見るのもＯＫ。時間は三〜一〇分くらいがいいでしょう。はじめのうちは短めに、慣れてきたら燃焼時間が長いキャンドルを使いましょう。

炎が燃え尽きたころには、頭も心もすっきりとリフレッシュされます。このとき、鼻から息を吸い、口から細く長く吐き出すと、よりいっそう深い瞑想を味わえます。

年齢を重ねるごとに、モノの数を減らしていく

年齢を重ねるほど、在宅の時間は長くなっていきます。だからこそ、長く過ごす自宅を快適にしておくことは、毎日を充実させるためにとても重要です。

家を最も快適な状態にするには、まずモノを減らすこと。これにかぎります。

難しいかもしれませんが、**めざすのは旅館やホテルの部屋**です。必要最低限のモノしか出ていない部屋は、使い勝手がよく、さらに掃除がしやすく、美しい状態を保ちやすいのです。

ところが、同じ家に長く暮らせば暮らすほど、モノは確実に増えていきますし、年をとればとるほど執着が強くなり、モノを捨てられなくなってしまいます。

特に、独居で人の目が届かない家では、「いつか使う」という言い訳とともにモノが増え、押し入れはどこもかしこもパンパンにモノがつまり、それでも入りきらないと床にあふれだすのです。

モノがたくさんあるのは豊かなイメージですが、それはきちんと使えるものだからこそ。**使いもしないものであふれかえっているのは、ゴミ屋敷と同じです。**

モノがあふれだすと、生活に支障をきたします。使いたいものが見つからないため、また買ってしまえば経済的なロスになりますし、衛生的にも好ましくありません。

さらに、床にモノが置かれていれば転倒の危険性もありますし、電気コードなどが埋もれていれば、火災の危険性も出てきます。

七〇代のある女性が、膝を痛めたことがきっかけで、モノが整理できなくなり、風呂場にまでモノを置くようになりました。そうなると、簡単に入浴もできなくなり、結果として、人付き合いもなくなり、認知症が進行したというケースもあります。

七〇代になったら、今使うものだけを置いて、後はどんどん処分しましょう。**「いつか使うから」の「いつか」はほぼやってきません。**自身の健康のためにも、進んで断捨離するのがいいのです。

高級品はどんどん使ったほうがいい

お祝いでいただいた高級食器のセット、衝動買いしてしまったブランドバッグ、オーダーメイドのスーツやコート。そういったものを「これはいいものだから、特別なときに」としまい込んでいないでしょうか。

当時どんなに高かったとしても、**時がたてばその価値はどんどん目減りしてい**

ます。リサイクルショップに持っていって値段を査定してもらうとわかりますが、昔の高級品もほとんどが、二束三文の値段しかつきません。

何十万も出して買った宝石でさえ、デザインが古くなると、がくんと値段が下がるのですから残酷なものでしょう。

そうした、過去の高級品を、自分は使わないけれど、「いいものだから、誰かにあげようと思って取ってある」という人がいます。

でも、本当にその気持ちがあれば、とっくに誰かに差し上げていたはずですし、未だに手元にあるということは、手放したくない気持ちが強かった証拠でしょう。

たとえ今さら誰かに差し上げたとしても、「自分がいらなくなったものをくれるなんて失礼」「こんなガラクタいらない」と返されるのが関の山。本当に価値があるときに差し上げなければ意味がないのです。

だからこそ、家で眠っている高級品はどんどん普段使いにしてしまいましょう。特に食器は日常使いにすると、気持ちが豊かになります。

「料理は器で食べる」という人もいるほどで、同じ料理でも良い器を使うだけで、ぐんと引き立つものです。

また、良い服やバッグ、宝石類も、ちょっとしたお出かけに気軽に身につけましょう。良いものを身につけているという思いが気分を華やかにさせます。

さらに、**若いころはとってつけたように見えた高級品が、年齢とともに似合うようになっている**ことがあります。今こそ使いどきなのですから、昔買った良いものは、どんどん押し入れから引っ張り出しましょう。

いつでも「人をお招きできる家」にしておく

七〇代になったら、たくさんの人と付き合う必要はありませんが、本当に大切な人とは濃密な時間を過ごせたらいいですね。

欧米では、親しくなりたい人を自宅に招き、招かれた人は招き返すというお付き合いをします。私もアメリカにいたころは、ホームパーティーと呼ぶほど華やかではありませんが、ちょっとした飲み物とつまみを準備して、招き招かれという付き合いをしてきました。

家というのは、その人を端的に表すため、訪問すれば、その人となりをなんとなく感じることができます。

たとえば、すっきりとモノが片づいており、決して華美ではないけれど、花が活けられている家。縁側に、ぬかみその入った甕《かめ》が置かれていて、庭にはホウキの掃き目のある家。歴史小説がぎっしりと本棚に並んだ家……。部屋の雰囲気を見るだけで、その人がどんな生活をしているかが伝わってくるのではないでしょうか。

だからこそ、床にモノが積み上げられ、あちこちに綿ぼこりが溜まっているような家では、その人の暮らしぶりは言わずもがなです。

そうならないためにも、七〇代になったら、いつでも人をお招きできるようにしておきたいものです。

すべての部屋が整っていなくても、**最低限、人を通す部屋をいつもきれいにしているだけで、毎日の暮らしにけじめがつきます。**

私の遠縁にあたる七〇代の女性は、夫に先立たれてからひとり暮らしをしていますが、膝が悪いため外出できず、唯一の楽しみは、自宅に友だちを招いてお茶を飲むこと。そこで、いつでも家のなかは、すっきりと片づけられています。

独居で、なおかつ訪ねてくる人もいない家は、よほどきちんと意識しないとすぐに散らかってしまいます。すっきりとした暮らしをキープするために、「いつ友だちが来ても大丈夫」という心がけをもちたいものです。

小さく住み替えるという選択も大事

子どもが独立したのちも、子どもが住んでいた部屋をそのままの状態にしている人、あるいは、そこを物置代わりにしている人は思いのほか多いようです。

一戸建てではそうした贅沢な部屋の使い方ができますが、年をとったら、小さく住み替えるという選択肢があるのもぜひ覚えておいてほしいことです。

知り合いのご夫婦は、「いつか息子にこの家を譲ってやろう」と思い、家をメンテナンスしてきましたが、当の息子はいつまでたっても実家に戻ってくる気配がありません。

そこで、将来設計について改めて尋ねてみると、「たとえ広くても、古い家には住みたくない。小さくてもいいから新築マンションに住みたい」と言うのです。

それを機に、ご夫婦は家を売って、手ごろなマンションを買うことを計画。息子さんにマンションの利点を聞くうちに、年をとった自分たちには、そのほうが合うような気がしてきたからです。

まず、マンション暮らしなら戸締りがカギ一つで済みますし、バリアフリーの物件を選べば、リフォームの心配もありません。さらに、それまでは庭木の剪定《せんてい》や草むしりなどを自分たちの手でしていましたが、マンションならそうした作業もなくなりました。

ご主人は、「寝室が二階だったので、足が悪くなったら上り下りがきついなあと思っていましたが、マンションは平屋みたいなもんですから安心です」と言い、奥さんは、「このマンションは断熱効果が高いので光熱費が減ったんです。年金暮らしにはそういうこともありがたいですね」と話していました。

住まいを小さくすると収納スペースの心配をする人が多いのですが、**収納は多ければ多いほど、逆にモノを増やしてしまいます。**しかし、住まいを小さくすれば、「無駄なものを減らそう」という意識が生まれて、結果として不要なモノをため込まず、すっきりとした暮らしを可能にできるのです。

第4章

九〇歳までに、老いる準備をはじめよう

い

よいよ「老い」を実感する八〇代。頭も体も思うように動かず、不自由で退屈な毎日だと感じることも。しかし、老いにあらがわず、あるがままを受け入れると、穏やかな気持ちになり、シニアライフを心から楽しめるようになるのです。

できないことも増えるが、できることはそれ以上にある

パンフレットや広告などで見かけるシニアのイラストは、たいてい腰が曲がって杖をつき、いかにも年寄りという服を着ています。ひどいものになると、まるで舌切り雀や花咲じいさんの絵本に出てきそうな和服姿のものもありますが、今どきの八〇代はそこまで老け込んではいません。

とはいえ、自立度は落ちて、足腰が弱ったり、耳が遠くなったりといった衰えや不自由さを感じるのは確実です。七〇代のころには、「自分はまだまだ老人ではない」と思っていた人も、改めて自分は老齢なんだと認識するでしょう。

また、伴侶や友だちなどの死と直面し、次第に孤独を感じる年齢でもあります。

だからこそ、**老いることの不自由さ、もどかしさ、さみしさといった感情といかに付き合うか**が、八〇代、九〇代の課題といえます。

作家の曽野綾子さんは、著書『老いの才覚』のなかで、老いてこそ、「何をしてもらうか」と、他人に依存するのではなく、自分のもっている力で、「何ができるか」を問うべきであると述べています。そして、「死ぬまで働かなくてはいけない」とも。

ただ、ここでいう「働く」とは、賃金を得るための労働という狭い意味ではなく、**家事をする、家の前を掃き清めるといった、その時々に自分ができることを見つけてやるという広い意味の「働く」**です。

私の知り合いに、「自分に何ができるか」をずっと問い続け、実践してきた八〇代の女性がいるので、その方について話しましょう。

彼女は四〇代で夫をがんで亡くし、以降二〇年以上ひとりで飲食店を切り盛りしていたのですが、六〇代後半で体を悪くして店をたたみました。

七〇代では、何もしないとボケるといって、地域のボランティア活動に積極的に参加。地域のお祭りの準備では男性に交じってテントを建てたり、自治会役員を引き受けたり、シルバー人材センターに登録をして、草むしりの仕事を請け負ったり、まさに八面六臂の大活躍でした。

しかし、やはり年齢には勝てず、膝と腰を痛めてしまい、八〇歳を前にして自治会や人材センターの仕事は辞めることに。いよいよ隠居生活に入ると思いきや、彼女は朝と夕方に家の前に椅子を出して座り始めたといいます。

これまでの彼女の働きを知っているだけに、この行動にも何か意味があると思って聞いてみると、実に彼女らしい答えが返ってきました。

「最近、子どもが連れていかれたり、いたずらされたりする変な事件が多いでしょ。だから、そうならないように毎日、目を光らせてるのよ。こんなばあさんだって、ちゃんと見てるんだよ、この地域はみんなが子どもを守ってるんだよって。悪いやつにつけ入らせないためにもね」

彼女の家はちょうど近所の小学校の通学路にあたるため、登下校時にこうして通りに人が出ていることは、犯罪に対する大きな抑止力になります。

さらに彼女は、「こうして毎日座っていると、子どものほうから『おはよう』

とか『ただいま』って声をかけてくれるのよ。なかには、ハイタッチしてくれる子もいてねぇ。最近じゃそっちのほうが楽しくて、まだまだ元気でいなきゃ、死ぬまで続けたいなって思っているの」と笑顔で答えてくれました。

まさに、曽野綾子さんの提唱する「何をしてもらうかではなく、何ができるか」を体現しているようで、周りの人からも、「あんなふうに年をとりたいわね」と言われるお手本になっています。

曽野綾子さんは、自ら努力せず、「してくれない」と愚痴をこぼす人ほど、老化度が高いと警鐘を鳴らしています。

年をとると、できなくなることもたくさんありますが、それ以上にできることもたくさんあるのです。大切なのは、心のもち方でしょう。

そして、**年をとるというのは、経験が豊富になるということ。**そこにプライドをもって、「老いる」＝「不幸」と考えない意識が大切なのです。

ひとり遊びが上手な人は「孤独にならない」

あなたは、見たい映画があったとしたら、また、入ってみたいレストランがあったとしたら、「とりあえず行ってみる派」ですか、それとも「誰かを誘って行ってみる派」でしょうか。

誰かと映画を見て、感想を語り合うのは楽しいものですし、料理も誰かと食べるのはおいしいでしょう。しかし、**常に「連れ」を必要とする人は、人生を楽しむチャンスが目減りしてしまいます。**

特に、同世代の友だちを誘う場合には、「その日は病院があるから」「最近足が痛いから遠くには行けない」など、さまざまな事情によって行けない可能性が年々高くなっていくのです。

だからこそ、ひとり遊びにどんどんチャレンジしてほしいと思います。

先にも紹介した曽野綾子さんは、友だちと過ごす時間と同じくらい、ひとりで遊ぶ時間を大切にしています。

歌舞伎をひとりで見に行ったときには、たまたま隣り合わせた青年と会話が弾んで、とても豊かな時間を過ごせたと、あるインタビューで答えています。

もし、連れがいたとしたら、こんな出会いはなかったでしょう。ひとりで行ったからこそ、見知らぬ人と束の間であっても触れ合うことができたのではないでしょうか。

また、高齢になると、外出の際は家族に頼ることも増えていきます。スケジュールも都合をつけやすいですし、何より家族なら自分に合わせてくれます。わがままも許されますし、いちいち言わなくても、食べる場所、休憩する時間など察してくれるので非常に楽なのです。

しかし、そうやって**何も言わずに「してもらう」という習慣をつけてしまうと、脳も体もどんどん老化していきます。**

ボケ防止や生きる楽しさを増やしていくためにも、積極的にひとりで遊ぶ時間を増やしていきましょう。

いつまでも若さにしがみつかない生き方を

一般的に、シニアへのほめ言葉で多いのが、「お若いですね」「まだまだお元気ですね」「そんなお年には見えませんね」といったものです。

これは、年齢より若くて元気であること、あるいはそう見えることが良いという価値観に基づいています。裏を返せば、年相応に見えるのは良くない、もっと言うなら、年をとるのは好ましいことではないという解釈もできます。

しかし、生きていれば年をとるのは当たり前。年をとっても元気な人はいますが、若いころより元気になるなんてことはありえません。わかっていることなのに、それを受け入れられない人が少なくないのです。

放送作家であり、情報番組のコメンテーターとしても人気のテリー伊藤さんは、老いてなお盛んなんてことはありえないと主張しています。そんなことを求めるから、元気のない自分にがっかりきてしまうわけで、「年をとったらいいことなんて何もない」というところを出発点にすれば、ちょっとしたことに幸せを感じられると語っています。

テリー伊藤さんは、数年前に病気で手術を受けました。術後の検診で、悪いところが見つからなかったときには飛び上がるほど幸せを感じたそうです。これも、「健康なのが当たり前」と思っている人には体験できない幸福感だったに違いありません。

なにげない毎日も、「ああ、若いころは楽しかったなぁ」と思えば、目の前の風景も色あせて映るでしょう。しかし、高望みをせず、ありのままの自分を受け入れていれば、季節の移り変わりや道端で揺れている小さな花にも心動かされるのです。

また、テリー伊藤さんはあるとき、高齢の男性と女性を比べて、女性のほうが元気があるのに気づきました。それで、理由をよく考えてみたところ、「オバさんはえぐいから強い」という結論にたどり着いたそうです。

女性はテレビで芸能人のゴシップや不祥事などを見て、悪口に花を咲かせたり、好きなことをしゃべっています。そして、「あの人より自分のほうがよっぽどいい」という自己肯定感をもっているので、勢いがあるということらしいのです。

高いところを見て自分を卑下するより、そうでない人を見て元気が出るのなら、それはそれでひとつの健康法なのかもしれません。

食わず嫌いをやめるといいことだらけ

「まさか、ゲートボールをやるなんて思ってもみませんでした。なにしろ、年寄りの代表的な遊びですからねぇ」

そう笑顔で語るのは、八一歳のYさん。設計事務所を切り盛りし、七〇代後半で息子に社長の座をゆずるまで現役で働いていました。そのせいか、現在も八〇歳を超えているとは到底思えぬ若々しさ。本人もそれを自負していて、年寄り扱いされるのを嫌っていました。

誰かに「おじいさん」などと呼ばれようものなら、「誰がおじいさんだ、失礼な！」と憤慨《ふんがい》するほど。だから、**高齢者に愛好者が多いゲートボールは無縁のものだとずっと思っていた**のです。

あるとき、近所を散歩していると、公園にお年寄りが集まってゲートボールをしているところに行き合いました。いつもなら素通りするところですが、ちょうどのどが渇いていたので、缶コーヒーを飲みながらベンチで眺めることに。「ゲートボールなんて年寄りの暇つぶし」と思っていたのですが、チーム対抗で戦う様子は緊迫感もあり、仲間同士で励ましあったり作戦を練ったりする様子は見ているだけでワクワクしました。

Yさんは次第に前のめりになり、ボールがゲートをきれいに通過したときは、思わず「よし！」とつぶやいてしまうほど。「〇〇、第一ゲート通過！」という掛け声もすがすがしく感じ、気がつくと一時間ほど熱中して見ていたのです。

そんな様子に気づいたメンバーが、「よかったら一緒にやってみませんか」と声をかけてくれて、突然、ゲートボールデビューが決まりました。

Yさんは長い間ゴルフをやっていたのですが、ここ数年、体の衰えを感じて離れていました。「もう、スポーツも引退だなあ」とあきらめていたのです。しかし、ゲートボールなら遠くまで行く必要もなく、また、体力的にも十分に続けられそうです。Yさんはどっぷりはまってしまい、今は、地域リーグ戦トップ通過を目指して、練習の毎日だそうです。

老いや衰えは、さまざまなチャンスを奪っていくと思いがちですが、このように新しい出会いもあるのです。誰もが必ず年をとり、体は衰えていきます。しかし、それをネガティブにとらえるのではなく、楽しんでしまえば、百歳人生を退屈知らずで過ごせるのではないでしょうか。

ひとり暮らしになったときのために「寝室を分ける」

年をとると眠りが浅くなるため、夜中に何度もトイレに起きたり、寝返りの回数も増えがちです。灯りをつけたり物音を立ててしまうため、隣で寝ている人に迷惑をかけていないか心配する人も少なくありません。

さらに、布団から動作が楽なベッドに変えるのをきっかけに、寝室を分ける夫婦が増えています。そのほうが、互いが気兼ねなく快適に過ごせると考えるからです。

先に紹介した作家の下重暁子さんも、七〇代で責任ある役を任され、仕事がますます忙しくなったのを機に、それまで夫と並んで寝ていたベッドを隣同士の部屋に分けたそうです。

そうすることで、配偶者に気を遣わずに、仕事があるときは仕事ができるし、本を読みたいときはいつまでも灯りをつけて本が読めるからです。

しかし、**ドアは決して閉め切らず、夜中に互いに何かあったときもすぐにわかるように、少し開けておく**のが約束だそうです。

そして、下重さんの場合は、互いの安眠のためだけに部屋を分けたのではなく、「ひとり暮らしになったときに困らないため」という大切な理由があったのです。

下重さんのご家庭では、結婚当初から夫婦が依存しないよう、ある程度距離をとって自分の時間を大切にし、きっちり役割分担したスタイルで生活してきました。

とはいえ、下重さんにとって家族は配偶者だけでほかにはいません。だからこそ、一緒に寝起きする「二人暮らし」が身についてしまうと、何らかの理由で「ひとり暮らし」になったとき、ショックを受けてしまうと考えたのでした。

八〇代になると、死は決して他人事《ひとごと》ではなくなります。本当なら目を向けたくない部分かもしれませんが、その先を見越して粛々と準備をする下重さんの生き方には、参考になる部分が多いのではないでしょうか。

人とつながる努力をあきらめてはいけない

とてつもない山のなかか、無人島でひとり暮らしでもしないかぎり、私たちは何かしらの形で社会と関わって生きています。また、人と関わりをもたずに生きていくのはとてもつらいことです。

「もっとも悲惨なことは、飢餓でも病気でもない。自分が誰からも見捨てられていると感じることです」

こう話したのは、マザーテレサです。人間はどうあがいても、誰かとつながっていたいと願う生き物なのです。

年をとっても、なお仕事を求める人は多数います。それは、「一億総活躍社会」といったスローガンが生まれるずっと前からのこと。シニアが仕事を求めるのは収入云々《うんぬん》ではなく、自分は社会から見捨てられていない、必要とされている人間なのだと証明するためだといっても過言ではないでしょう。

だからこそ、積極的に社会との関わりをもつように心がける必要があります。

たとえば、ご近所の方や店の人にはあいさつを欠かさず、自分の顔を覚えてもらう。もう会う予定のない友人でも、気が向いたときに季節の便りを出してみる。役所や公民館での無料講演や講座に出席するなども、社会とのつながりを切らないために効果があります。

シニアの男性のなかには、極端な話、人間関係でつながっているのは妻だけという人がいます。近所付き合いも親戚付き合いも妻に任せっきりで、自分には妻がいれば十分というような男性です。

こうした人が妻に先立たれると、世間とのつながりがぷつりと切れてしまい天涯孤独になります。まさに悲劇です。

人付き合いは日々の積み重ねが大切。**「自分は妻だけいればいい」という人は要注意です。**

「孤独死」のイメージに振り回されない

自宅などで誰にも看取られずに亡くなることを、一般的に「孤独死」といいます。正式な定義はないのですが、主に、独居のシニアが突発的な病気などで死亡し、しばらくしてから隣家や訪ねてきた人によって発見されるパターンが多いようです。

孤独死に対する意識としては、「誰にも看取られない最期は可哀想だ」といったイメージを多くの人がもっています。

また、「孤独死するのは、友人や家族のいないさみしい人だ」とか、「孤独死する人は生活に困窮している」「孤独死すると、近所や家族に迷惑がかかる」という声も聞こえてきます。つまり、孤独死についてはネガティブな見方や意見のほうが圧倒的に多いわけです。

では、どういった死が理想的なのでしょうか。

おそらく、家族や大切な人に囲まれて静かに息を引き取る、そんなシーンを想像している人が多いと思います。

しかし、**医学がどれだけ進歩したとしても、人がいつ死ぬかを正確に言い当てることはできません。**末期がんで、余命が一か月程度と言われた人でも、半年すぎても生きているというパターンも決して珍しくないのです。

つまり、ちょうどよく家族や知り合いが集まって、その人たちに囲まれて亡くなるというのは運の良い例です。たとえ、入院患者であっても、死の瞬間に近親者が間に合わないことなどいくらでもあります。


一般的には、多くの人が孤独死にネガティブなイメージをもちつつも、他人事ではないと感じているのではないでしょうか。

生涯独身率が伸びており、今後、独居の人はどんどん増えていくでしょう。また、たとえ結婚したとしても、伴侶が亡くなったり、子どもと同居していなければ、その人も独居の仲間入りをするわけです。

だからこそ、俗にいう孤独死を「可哀想」「気の毒」と悲観的にとらえるのではなく、結局、**人はひとりで生まれてきて、ひとりで死んでいくのが自然なのだと、肯定的にとらえる**ことも必要になってくるかもしれません。

ただし、賃貸住宅に住む人が、死後しばらく発見されず、部屋を汚してしまう心配などはあるでしょう。死ぬときはひとりでも、死後、周りの人に迷惑をかけたくないという気持ちはよくわかります。

それを防ぐには、やはり、**日ごろから家族や友人と連絡を密にしておく、近所の人や民生委員に声かけをする**といったことが必要です。

また、最近では、見守りサービスに加入する、自宅に緊急通報システムを導入するなどの方法もありますから、いろいろなパターンを想定して、考えておくこともいいでしょう。

「自分ファースト」でいいじゃないか

日本人は、「人様に迷惑をかけない」という精神を大切にしています。そのため、人に嫌われるようなことは極力避け、ある意味、他人の目を気にしながら生きている人が多いのではないでしょうか。

作家の五木寛之《いつきひろゆき》さんは、『百歳人生を生きるヒント』のなかで、八〇代になったら自分の直感を信じて生きる、「自分ファースト」で良いのではないかと話しています。

五木さんは以前、若者が集うカフェに入ったとき、自分に向けられる冷ややかな視線、居心地の悪さを感じ、それを「嫌老感」という言葉で表しました。「嫌老感」とは読んで字のごとく、老人を嫌う感情です。

一昔前のお年寄りは、社会的弱者として、周囲の人からは労《いたわ》られ、また知恵者として尊敬される存在でした。しかし、今どきのシニアは高額の年金をもらい、いい車を乗り回し、若者よりずっと社会保障の恩恵を受けている。若者たちは格差社会のなかで、非正規雇用や貧困から抜け出せず苦しんでいるのに、いい思いをしているシニアを温かく迎えられるわけがないというのです。

たとえば、高齢者が事故を起こしたとき、ネットでは「だから年寄りは」「免許を取り上げろ」といった嫌老発言が目立ちます。こうした風潮を目にすると、なるべく若者とは関わらず、できるかぎり軋轢が起きない関係を作ろうとしがちです。

しかし、五木さんは、こそこそしたり迎合する必要はない。**「嫌われる勇気」をもって堂々と接していけばいい。ただそこには、孤立を恐れない自覚が大切だ**と述べています。

八〇年以上、社会の荒波にもまれて生き残ってきたのですから、もう社会のしがらみや人の目を気にせず、まさに「自分の人生」を生きるべきだという五木さんの言葉は、勇気を与えてくれます。

また、他人の目や世間体というものは、案外、自分自身が作り出している部分もあります。勝手に心配して、勝手に窮屈な思いをするのは馬鹿馬鹿しいことです。さらに、人は自分以外にそれほど興味をもたないもの。

「自分の人生の主人公は自分」なのですから、わが道こそが花道と思い、堂々と胸を張ってほしいと思います。なにしろ、八〇年も生き抜くのはそれだけで素晴らしいことなのですから。

たくさんの思い出こそ生きる力になる

七四歳、ひとり暮らしの女性を主人公にした、新たな「老い」を生きる玄冬小説（青春小説の対極）として、芥川賞を受賞したのが『おらおらでひとりいぐも』。六三歳で作家デビューした若竹千佐子《わかたけちさこ》さんの処女作です。

物語は、夫に先立たれ、娘とも息子ともうまく関係を結べずひとり暮らしをしている七四歳の女性が主人公です。

「老い」と真っ向から向き合うもので、読後には「年をとるのは悪いことばかりではない」と思わせてくれます。百歳人生を生きる現代人に、生きる希望を与えてくれる感動作といっても過言ではないでしょう。

お話は、古ぼけた自宅の居間で、主人公の桃子さんがひとりテレビをつけるでもなく、じーっと座り込んでお茶を飲んでいるところから始まります。

桃子さんは最近、自分がボケてきたのではないかと思い、また、この先ひとりでどうしようかと考えます。すると、彼女の頭のなかに、

「てしたごどねでば、なにそれぐれ」

「だいじょぶだ、おめには、おらがついでっから」

と、桃子さんの生まれ故郷である東北なまりが聞こえてきます。

それが亡き夫、両親、祖父母のものなのか、あるいは自分自身のものなのかは

わかりません。けれど、体のなかから湧き上がるような東北弁が、桃子さんを過去の世界へといざないます。

とぎれとぎれに、あちこちに記憶が飛びながらも、桃子さんは自分の人生をゆっくりとなぞっていきます。

涙が出るほど懐かしい祖父母や両親の姿、毎日眺めた山、田舎の暮らし。また、夫と出会ったときのときめき、恋心、子どもをもった喜び、生活の苦労……。まるでその世界にタイムトリップしたような感覚で物語が進んでいくのです。

桃子さんは物語のなかの架空の人物ですが、人生を長く歩んできた人は誰でも、桃子さんと同じように、あふれかえるほどの思い出をもっています。

シニアは孤独な時間をもて余すといわれていますが、そんなときほど、昔を丁寧に思い出し、そのときの気持ちや情景に浸ってみませんか。それは、どんな旅行にも代えがたい魅力があると思います。

過去を回想することは、脳の活性化、精神の安定、認知症予防など、さまざま

な良い効果が認められます。

喜びや悲しみ、驚き、心の傷みなど、大いに感情が揺さぶられるでしょう。過去を振り返ることで、自分が人生の主人公であることを再認識し、もう一度、生きる力が湧いてくるのではないでしょうか。

人生の店じまいは、すべてを「引き算」で考えていく

終わりを意識して、人生の最後を締めくくる準備活動を「終活」と呼ぶようになって久しくなります。

その言葉だけを見ると、死ぬための支度をしているようで縁起が悪いと感じるかもしれませんが、**終活は晩年を生きる人たちにとって重要な意味があります。**

たとえば、もしあなたが、何らかの理由で突然死んでしまったことを想像してみてください。「もっと生きていたかった」という思いのほかに、「あれもしてお

けばよかった、これもしておけばよかった」という後悔が浮かぶのではないでしょうか。

また、後始末のために自分の部屋に第三者が入るわけですから、隠したり捨てておきたかったものもあるでしょう。人様に見られたくないものは誰でも必ず一つや二つあるのです。

また、自分の遺品を誰が引き取るのか、あるいは捨てられるのか、そういったことが気になる人もいるでしょう。

終活とは、こうした心配や心残りをひとつずつなくし、すがすがしい気持ちで毎日を過ごすためにおこなうものなのです。

女優の中村メイ子さんは、子どものころから、「老いじたく」という言葉を聞きながら育ちました。

祖母や母親が、「自分が亡くなったらこの着物は○○さんに、これは○○さんに」と、和服を包んでいる紙にさらさらと渡す相手の名前を書く様子や、身の回りのモノを少しずつ片づけていく様子を、女性のたしなみとして美しく感じていたそうです。

そのため、子ども三人を独立させ、姑、里の両親を見送り、夫の神津《こうづ》善行《よしゆき》氏と二人きりになった今、中村さんは「老いじたく」をしているといいます。

彼女の終いじたくのキーワードは「引き算」。それもモノだけにかぎらず、よほど親しい人の集まり以外は足を運ばないなど、**人間関係においても減らす方向に。**

また、家事一切を中村さんに任せてきたご主人が、自分がいなくなった後に苦労しなくて済むよう、おだてたりほめたりしながら、家のことができるようにと、現在、育成中だそうです。

また、終活については、「モタさん」の愛称で親しまれた、精神科医の斎藤《さいとう》茂太《しげた》さんもさまざまな視点で述べています。

たとえば、死が怖いのは生に未練があるから。生の未練は欲が生み出すので、欲を小さくすれば未練も小さくなり、結果として死と折り合いがつくという考え方のもと、モノもお金もできるだけ少なくしておくことが大事だと記しています。**それは自分のためだけでなく遺族のためでもある**と。

確かに、亡くなった親の家からトラック何台ぶんものゴミが出たり、写真や手紙など捨てるに忍びないものの始末に心を痛めたり、さらには、財産があったばかりにそれまで仲良かった兄弟が争ったりといったことは珍しくありません。

人生の店じまいの前に、できるだけモノを少なくするのは最後の親ごころでもあるのでしょう。

残された時間は、よくがんばってきたご褒美

極端な話、人はこの世に生まれ落ちたときから死に向かって歩き出しています。

小さな子でも、シニアでも、一日ずつ死に近づいているのです。

若いうちは「死」という名のゴールが遠く見えないかもしれませんが、六〇代になったころから、最終地点への距離が近いことをいやがうえにも感じざるを得ません。

そのため、「もう残された時間がわずかしかない」と焦燥感にかられたり、あきらめの気持ちになりがちです。

しかし、本当にその時間が少ないのなら、イライラした気持ちで空回りするのではなく、「残された時間をどうやって充実させようか」「どんなふうに過ごせば心が満たされるか」という考えにシフトしていくべきです。

写真家で、ラグビーの愛好家である浅井慎平《あさいしんぺい》さんは、ある雑誌のインタビューで次のように答えていました。

「人生に答えはない。生きるというのは今ある命を充足させかとということ。ノーサイドの笛が吹かれるまで小さな幸せを探しながら生きるべきだ」と。

浅井さんは、年齢を重ねるごとにできるだけ無駄な時間を過ごしたくないと考えるようになりました。

たとえば、お酒を飲むことひとつとっても、ただ酔うためにあおるのではなく、お酒の水の良さを感じること、自分の好きな空間で自分の好きな人たちと楽しむことを大切にするようになったといいます。

そして、そうした心地よい時間を過ごすためにはわがままになってもいい。誰かを喜ばすために時間を費やすのではなく、おのれの心のなすままに過ごす、それが老年時代の特権だとも。

確かに、若いうちは自分の時間を、友だちのため、恋人のため、また家族のためにささげることが多かったでしょう。しかし、シニアはそれらがやっと離れ、本当の意味で自由を享受できる年代。がんばってきたご褒美を堂々と受け取って楽しみましょう。

いくつになっても、人生は驚きと喜びに満ちている

百歳まで、どうやったら退屈せずに生きていけるか。

それをテーマに、いろいろなお話をしてきましたが、最後に、実際に百歳を超えても毎日を輝いて生きている方を紹介したいと思います。

ベストセラー『100歳の精神科医が見つけた　こころの匙《さじ》加減』の著者で、医療法人社団泰和会理事長の髙橋幸枝《たかはしさちえ》さんです。

髙橋先生は、タイピストをしていた二七歳のときに、のちに師と仰《あお》ぐ方との出会いで医師になることを決意。三〇代で医師になり、五〇代で病院を開設。八〇代で絵画を始め、九〇代で海外旅行。現在も医師として活躍されています。

一人暮らしで炊事洗濯も自分でしますし、自宅と職場を結ぶ五一段の階段を一日三往復というお元気ぶり。さらに、九〇歳を超えてから二度の大腿骨骨折《だいたいこっせつ》を乗

り越えて今日に至っているというのですから驚きです。

それだけ聞くと、「超ストイックな生き方をしているスーパーウーマンに違いない」と思われるかもしれませんが、先生の素顔は自然体そのものです。

食べすぎには気をつけるものの、基本は食べたいものを食べ、やりたいと思ったことをやってみて、他人《ひと》は他人と割り切って生きる。ただ、そんななかで心がけているのが、「**ちょっとだけ無理をすること**」だと語っています。

年齢を重ねると、「無理しないでください」と言われる機会が増えます。シニアを労る挨拶ですが、それを真に受けてラクな道ばかりを選んでいたらダメになってしまうから「ちょっとだけ無理する」というのです。

たしかに、一人暮らしのときはいろいろなことができていた人が、家族と同居したり、施設に入って周りの人から世話をされるようになったとたん、何もできなくなってしまうケースをよく見ます。歯を食いしばってがんばる必要はありませんが、「ちょっとだけ無理をする」のは、長寿を生き抜く大切なポイントなのかもしれません。

また、先生は著書のなかで、八〇の手習いで始めた絵画について、実に興味深いことを語っています。それは、デッサンの対象物をじっくり観察したときに、私たちが日常生活のなかで見ている、気になっているけれど実際はちゃんと見ていないものが多いと気づいた、ということです。

たとえば急須《きゅうす》を描くとき、その形の不思議さにため息をつき、花を描きながら時間とともに変化していく姿を見て、あらためて花が生き物であることに気づき、感動したそうです。どこの家にでもある急須、どこにでも咲いている花が、大切なことを教えてくれたのです。

つまり、人は何歳になっても、見方を変えたり、じっくり物事を観察することで、たくさんの驚きや喜びに出会えるということでしょう。

人は長く生きれば生きるほど、なんでもわかった気になって、退屈だと文句を口にします。しかし、**これだけ広い世の中で、たった百年ぽっち生きたところで**

すべてがわかるなんてありえません。まさに、「井の中の蛙《かわず》大海を知らず」です。

でも、ちょっとだけ見方を変える、考え方を変えることで、風景はがらりと変わるのです。そして、百歳人生には、そういったチャンスが何度となく訪れるのですから、考えただけでワクワクしてきませんか。

人生は自分が主人公の舞台。どんなストーリーにするか、どんなふうに演じるか、自分次第です。

「退屈」を克服するのではなく、ちょっとだけ無理をしながら、自分のやりたいように生きれば、「退屈」という文字は、あなたの辞書から姿を消すのではないでしょうか。

本作品は当文庫のための書き下ろしです。

保坂 隆（ほさか・たかし）
1952年山梨県生まれ。保坂サイコオンコロジー・クリニック院長、聖路加国際病院診療教育アドバイザー。慶應義塾大学医学部卒業後、同大学精神神経科入局。1990年より2年間、米国カリフォルニア大学へ留学。東海大学医学部教授（精神医学）、聖路加国際病院リエゾンセンター長・精神腫瘍科部長、聖路加国際大学臨床教授を経て、2017年より現職。
著書に『精神科医が教える50歳からの人生を楽しむ老後術』『精神科医が教える50歳からのお金がなくても平気な老後術』（大和書房）、『精神科医が教えるちょこっとずぼら老後のすすめ』（海竜社）などがある。

だいわ文庫

精神科医《せいしんかい》が教《おし》える
百歳人生《ひゃくさいじんせい》を退屈《たいくつ》しないヒント

著者 保坂《ほさか》隆《たかし》

二〇一八年一二月一五日第一刷発行

発行者 佐藤 靖
発行所 大和《だいわ》書房
東京都文京区関口一－三三－四 〒一一二－〇〇一四
電話 〇三－三二〇三－四五一一

フォーマットデザイン 鈴木成一デザイン室
本文デザイン 菊地達也事務所
編集協力 幸運社、松島恵利子
本文イラスト 横山寛多
本文印刷 信毎書籍印刷　カバー印刷 山一印刷
製本 ナショナル製本

ISBN978-4-479-30734-1

http://www.daiwashobo.co.jp

だいわ文庫の好評既刊

＊保坂隆
精神科医が教える50歳からの人生を楽しむ老後術
50歳からの時間は「おまけ」でも「余白」でもない、人生で一番輝くとき！　老後の入口でひとり寂しく悩まないための生き方を指南。
600円
178-2 B

＊保坂隆
精神科医が教える50歳からのお金がなくても平気な老後術
お金で悩まない人は、低く暮らし、高く思う。人と比べず、不要なものは持たず、でも時には贅沢に。50歳からの人生の質を高める秘訣。
650円
178-6 B

外山滋比古
50代から始める知的生活術
「人生二毛作」の生き方
200万部突破のベストセラー『思考の整理学』の著者、最新刊。92歳の「知の巨人」が語る、人生を「二度」生きる方法。
650円
289-1 D

齋藤孝
50歳からの音読入門
『声に出して読みたい日本語』の著者が、後半生を豊かに生きるための名文を紹介。原文と現代語訳に加え、味わうポイント付き！
700円
9-11 E

阿部絢子
老いのシンプルひとり暮らし
ひとりは気楽で楽しい！　家事の工夫やお金の管理法、心構えまで、60歳からのひとり暮らしを快適に心豊かに過ごすための知恵が満載。
650円
210-2 A

桐島洋子
いくつになっても、旅する人は美しい
最近、外の世界に憶病になっていませんか？年齢を重ねてこそ、旅はおもしろくなるんです。60代からの人生を豊かにする旅案内。
680円
186-3 D

＊印は書き下ろし

表示価格はすべて本体価格（税別）です。本体価格は変更することがあります。